休謨

Hume: A Very Short Introduction

Hume: A Very Short Introduction

休謨

艾耶爾〔A. J. Ayer〕著

吳寧寧、張卜天 譯

OXFORD
UNIVERSITY PRESS

Oxford University Press is a department of the University of Oxford.
It furthers the University's objective of excellence in research, scholarship,
and education by publishing worldwide. Oxford is a registered trade mark of
Oxford University Press in the UK and in certain other countries

Published in Hong Kong by
Oxford University Press (China) Limited
39/F, One Kowloon, 1 Wang Yuen Street, Kowloon Bay, Hong Kong

休謨

艾耶爾 (A. J. Ayer) 著

吳寧寧、張卜天 譯

ISBN: 978-0-19-942702-4

1 3 5 7 9 10 8 6 4 2

English text originally published as *Hume: A Very Short Introduction*
by Oxford University Press © A. J. Ayer 1980

目　錄

圖片鳴謝

1 Portrait of Hume by Allan Ramsay, 1754

2 Frontispiece of Hume's *Abstract* (1740)

3 Parliament Square and the Law Courts, Edinburgh
Courtesy of Hulton Getty

4 Depiction of Voltaire at a dinner attended by fellow intellectuals d'Alembert, Marmontel, Diderot, la Harpe, Condorcet, Maury, and Father Adam
Courtesy of Hulton Getty

5 Scottish political economist and philosopher Adam Smith (1723–90)
Courtesy of Hulton Getty

6 The five senses, sight, smell, taste, touch, and hearing, depicted in a cartoon by L. Bailly
© Historical Picture Archive/Corbis

7 Facsimile of the title-page of *A Treatise of Human Nature*

8 A game of billiards. Cartoon by Cillray
© Courtesy of the Bridgeman Art Library

9 Portrait of Hume by Louis Carrogis (1717–1806)
© Courtesy of The Scottish National Portrait Gallery/Bridgeman Art Library

The publisher and the author apologize for any errors or omissions in the above list. If contacted they will be pleased to rectify these at the earliest opportunity.

前　言

　　本書的第一章簡要敘述了休謨的生平，這一章得益於莫斯納(Ernest C. Mossner)教授的出色著作《休謨傳》甚多。其餘各章則重印了1979年3月我在安大略省特倫特大學所作的四次吉爾伯特·賴爾(Gilbert Ryle)講演。我很高興應邀作這些講演，因為賴爾是我的哲學導師。這裏，我不僅要感謝講演的贊助者馬謝特基金會和維多利亞與格雷信托公司，還要感謝特倫特大學哲學系的成員及其同仁的熱情款待。

　　在引述休謨的哲學著作時，我使用了以下文本，其中前三本有平裝本：

A Treatise of Human Nature, edited by L. A. Selby-Bigge; second edition revised by P. H. Nidditch; including Hume's *Appendices* and *Abstract*. Oxford University Press, 1978.

Enquiries concerning Human Understanding and concerning the Principles of Morals, edited by L. A. Selby-Bigge; third edition revised by P. H. Nidditch. Oxford University Press, 1975.

Dialogues concerning Natural Religion, edited with an introduction by Norman Kemp Smith, including Hume's *My Own Life* as a supplement. Bobbs-Merrill, 1977.

Essays Moral, Political and Literary, Vol. II, edited by T. H. Green and T. H. Grose. Longmans, 1875.

應牛津大學出版社要求，我把對這些著作的引用分別用字母T、E、D和G來表示，並且插入括號內置於文中，字母之後的數字代表頁碼。其餘的這類引用則指莫斯納著作的頁碼，用字母M表示。

雖然休謨在文學上成就斐然，包括他那部著名的《英國史》，但他首先是一位哲學家。除了第一章概述了他的生平，本書完全致力於闡述他的哲學。

A. J.艾耶爾

1979年4月18日

第一章
生平與個性

在我看來，大衛·休謨(David Hume)是最偉大的英國哲學家，他於舊曆1711年4月26日出生在愛丁堡。他在去世前的四個月即1776年4月完成了告別辭《我的一生》，這是一篇只有五頁的自傳。在文中，他為自己父母雙方的良好家世而自豪。他的父親約瑟夫·霍姆從事法律職業，在貝里克郡的奈因威爾斯擁有一處莊園，自16世紀以來，這份地產就一直屬於他的家族。如休謨所說，他的家族是「霍姆或休謨伯爵家族的一支」(D 233)。在20世紀，這個家族中將會誕生一位保守黨首相。他的母親凱瑟琳是「司法學院院長大衛·福克納爵士的女兒」，她的一個哥哥繼承了貴族頭銜。這對夫婦有三個孩子，大衛最小，哥哥約翰生於1709年，姐姐凱瑟琳生於1710年。

1713年，大衛還是嬰兒時，父親約瑟夫去世了。長子繼承了財產，大衛每年只有大約50鎊的遺產，即使在當時，這點錢也不足以使他經濟獨立。家裏人希望大衛能繼承父業成為律師。大衛的母親沒有再婚，在約翰成年之前一直經營着這塊地產。他的母親是個

熱忱的加爾文派教徒，並按照這種信仰把孩子們撫養大。據說大衛深愛他的母親、哥哥和姐姐。雖然他在十幾歲時拒絕接受加爾文主義和其他各種基督教教派，但這並沒有影響他和母親的關係，這表明他向其隱瞞了此事，或至少是沒有表現得很強硬。大衛一生性情溫和，無論在公開場合還是私下都不願與人爭論，但他並不缺乏勇氣在書中表達自己的信念，無論這些信念是多麼非正統。據說他的母親曾說：「我們的大衛是一個令人愉快的、溫厚的火山口，但頭腦卻異乎尋常地清醒。」是否真有此事我們不得而知，如果是真的，它可能表達了大衛脫離家庭供養、變得經濟獨立時母親的一種惱怒之情。

1723年，還不到12歲的大衛與哥哥一起進入愛丁堡大學，在那裏度過了三年美好時光。他們沒有拿學位，這在當時很常見。他們報名參加的必修課有希臘語、邏輯、形而上學、自然哲學或現在所說的物理學等，還選修了倫理學和數學等課程。雖然這些課程的水平似乎還比較初等，但在這個階段，休謨可能對牛頓和洛克的重要著作有了一定的瞭解。對於大學學習，他只說自己「成功地通過了普通教育課程」。

回到奈因威爾斯之後，休謨試圖着手研究法律，但很快便放棄了這種嘗試，因為他對文學(當時的文學包括歷史和哲學)產生了強烈的興趣。他在自傳中寫道：「這種熱情佔據了我的一生，是我身心愉悅的巨

大源泉。」這種熱情太過強烈，以至於他說：「除了研究哲學和一般學問，我對任何事情都不由得產生一種厭惡。」(D 233)雖然他說自己正在「暗地裏如饑似渴地閱讀」西塞羅(Cicero)和維吉爾(Virgil)，而不是那些法學家的著作(他的家人還以為他一直在研究這些著作)，但他的心思主要放在了哲學上。1729年，「新的思想景致」向年僅18歲的休謨敞開，並將在他第一部也是最著名的著作《人性論》中顯示出來。

這一發現所帶來的興奮以及巨大的工作強度損害了休謨的健康。他的不適是由精神壓力引起的。此後他按時鍛煉身體，輔以充足的飲食，沒到兩年就從一個「骨瘦如柴的高個子」年輕人變成了他所謂的「體格健壯、充滿活力、面色紅潤、朝氣蓬勃」的傢伙。但實際上，他仍然患有抑鬱，並且伴隨着心悸等身體徵兆，他經常造訪的當地醫生無法使他痊愈。他最終決定，至少應暫時放棄研究，以便「更積極地生活」。1734年2月，他離開蘇格蘭赴布里斯托爾，在那裏擔任一個糖業公司的職員。他決定離開蘇格蘭可能還有一個原因：當地有一個女僕在由休謨的叔叔主持的教會法庭上指控休謨是她私生子的父親。這一指控未被承認，即使在當地也沒有損害休謨的名譽。事實上，後來的證據表明，休謨易對女人動情，儘管他一生未婚，性情鎮定而寧靜，又完全沉浸於理智追求中，根本稱不上愛向女子獻殷勤。

圖1　休謨像，艾倫‧拉姆齊作，1754年。

休謨在布里斯托爾結交了幾位好友，但僅僅四個月，他就認定自己不適合經商。據說休謨被解僱是因為他總是批評其僱主的文學風格(M 90)，不論這是否是事實，毫無疑問的是，休謨很高興能自由地致力於哲學研究。在布里斯托爾逗留期間，為了符合當地的發音，他將其姓氏「霍姆」(Home)改拼為「休謨」(Hume)，這是這一時期所產生的最為持久的結果。

既已決定投入《人性論》一書的寫作，也許是為了使他那份微薄的私人收入能夠更好地維持生活，休謨移居到了法國。在巴黎短暫逗留期間，其蘇格蘭同鄉謝瓦利埃·拉姆齊(Chevalier Ramsay)為他作了一些有益的引薦。此後他在蘭斯待了一年，又在安茹的拉弗來什小鎮住了兩年，這裏有一所笛卡兒曾經就讀的耶穌會學院。休謨與耶穌會的神父們交上了朋友，並且利用了該學院藏書甚豐的圖書館。到了1737年秋天，休謨完成了《人性論》的大部分內容，遂回到倫敦為其尋找出版商。

事情的發展並不如休謨所願。一年之後，他才與約翰·努恩(John Noon)成功地簽訂了《人性論》前兩卷即第一卷《論知性》和第二卷《論感情》的出版合同，印數1000冊，他的收入則是50英鎊和12部合訂本。1739年1月，這部著作以不具名的方式出版，定價10先令，總標題為《人性論：將實驗推理方法引入道德學科的嘗試》。此書的第三卷《論道德》在出版時尚未寫

成，直到1740年11月才由朗文公司出版，定價4先令。

《人性論》受到的冷遇使休謨大為失望。他說：「再沒有什麼文學嘗試能比我這本書更為不幸了，它一從印刷機中降生就死了，甚至連在熱心人當中激起一句怨言的禮遇都沒有得到。」(D 233)這樣說並不完全準確。雖然休謨在世時努恩版的確沒有賣光，但這部著作還是引起了國內外刊物的注意，並且獲得了三篇較長評論。麻煩在於，這些評論大多數是懷有敵意的，有時甚至是鄙視性的。休謨認為，這種敵意主要源於對其觀點的誤解，為了消除這種誤解，他在1740年出版了一本不具名的定價為6便士的小冊子，並宣稱它是「遭到眾多反對且被說得異常糟糕的哲學新著《人性論》的摘要，對它作了進一步解釋說明」。但它出版時使用的標題並無攻擊性：《一本哲學新著〈人性論〉的摘要，對該書的主要論點作了進一步解釋說明》。這本小冊子逐漸被人遺忘，直到20世紀30年代末梅納德·凱恩斯(Maynard Keynes)發現和確認了它的一個副本，並與皮耶羅·斯拉法(Piero Sraffa)為其寫了引言，且以《1740年〈人性論〉摘要：大衛·休謨的一本迄今鮮為人知的小冊子》為題將其出版時才被人記起。此書引起了人們對休謨因果關係理論的極大關注，該理論的確是《人性論》的特色，《人性論》後來也因為這一理論而變得極為著名。

休謨漸漸認為自己要為《人性論》一書失敗負

責，因為它在敘述上存在缺陷，後來則傾向於與之脫離關係。這種跡象最初可見於他兩卷本的《道德和政治論文集》第一卷的序言。這兩卷分別於1741年和1742年出版，且仍未具名。在這篇序言中，他被稱為一位「新作者」。這部文集共27篇，是由安德魯·金凱德(Andrew Kincaid)在愛丁堡出版的，各篇嚴肅程度各不相同，論題內容廣泛，包括評論、風度、哲學和政治等。它們獲得了好評，尤其是像《出版自由》、《政府的首要原則》等主題的政治隨筆。《羅伯特·沃波爾爵士的品格》這篇文章引起了特殊的興趣，這位政治家失勢後，休謨覺得自己對他的評價過於嚴厲了。因此，休謨無疑未在這部著作後來的版本中重印這篇文章。他還刪去了書中《愛與婚姻》、《無恥與謙遜》等幾篇份量不太足的文章。

這些文章的出版不僅給休謨帶來了大約200鎊的收入，而且使他有膽量申請愛丁堡大學的倫理學和精神哲學教授職位。1744年，休謨的朋友愛丁堡市長約翰·庫茨(John Coutts)建議他申請這一職位。在過去的兩年裏，當時佔據該職位的亞歷山大·普林格爾(Alexander Pringle)一直在國外做軍醫，且被任命為佛蘭德斯軍隊的醫務長，因此仍然擔任愛丁堡大學教授似乎不太合適。當時在市議會中沒有人公開反對休謨接任，但不幸的是，普林格爾直到庫茨不再擔任市長才辭職，此時休謨曾經得罪過的那些狂熱分子已經有了

AN
ABSTRACT
OF
A BOOK lately PUBLISHED;
ENTITULED,
A
TREATISE
OF
Human Nature, &c.

WHEREIN
The CHIEF ARGUMENT of that
BOOK is farther ILLUSTRATED and
EXPLAINED.

L O N D O N:
Printed for C. BORBET, at *Addison's Head,*
over-againſt St. *Dunſtan's Church,* in *Fleet-*
ſtreet. 1740.
[Price ſix Pence.]

圖2　休謨《〈人性論〉摘要》的扉頁，他試圖在書中
糾正對《人性論》觀點的誤解。

時間來聚集力量。在1745年休謨匿名出版的《一位紳士致其愛丁堡朋友的一封信》這本小冊子中，他否認自己曾經拒絕接受（而不是闡釋）「凡開始存在的事物必有原因」這樣一個命題，也否認其《人性論》的論點會以任何其他方式導致無神論，但並未平息那些人的怒氣。同年，該職位被授予了休謨的朋友和導師、格拉斯哥大學道德哲學教授弗朗西斯・哈齊森(Francis Hutcheson)，哈齊森拒絕後，市議會決定提拔一個一直在代普林格爾工作的講師擔任這一職務。

由於仍然缺乏那項任命所能帶來的財務保障，休謨接受了一筆每年300鎊的薪水，擔任安南達爾(Annandale)侯爵的家庭教師。安南達爾是個古怪的年輕貴族，不久便被診斷為精神錯亂，住在距離倫敦不遠的聖阿爾班附近。儘管安南達爾侯爵行為古怪，而且家中有一名重要成員對休謨抱有敵意，但休謨對自己的職位非常滿意，哪怕降低薪水都可以。他這樣做無疑是因為能有空閑時間從事寫作。正是在這段時間裏，他開始撰寫《關於人類理解的哲學文集》，後更名為《人類理解研究》，旨在取代《人性論》的第一卷。於1748年出版的《道德和政治隨筆三篇》很可能也是在這段時間寫成的。

事實上，《人類理解研究》要比《人性論》寫得好得多，其區別更多在於側重點而不是論點。在《人類理解研究》中，休謨凸顯了因果關係這一中心議

題，較少受到現在所謂的心理學的拖累。《人性論》中也有一些章節，比如論「時間」「空間」的章節，在《人類理解研究》中沒有對應。另一方面，《人類理解研究》增加了「論奇跡」一章，休謨出於謹慎把它從《人性論》中刪掉了。這一章的中心論點是：「任何證詞都不足以確立一個奇跡，除非這種證詞的謬誤要比它所要確立的事實更加神奇。」(E 115–116) 這一論點以及書中所蘊含的反對偶像崇拜的思想使休謨在同代人當中聲名鵲起，這是他的純哲學著作中其他任何內容所無法比擬的。

1748年2月問世的《道德和政治隨筆三篇》是休謨第一次冠以真實姓名的著作，此後他將延續這一做法。這幾篇隨筆源於年輕的覬覦王位者的反叛。在這些隨筆發表之前，休謨說他們「一個是反對原始契約論的輝格黨體系；另一個是反對被動服從的托利黨體系；第三個則是新教繼承者，我希望人們在那種繼承確立之前認真考慮一下自己應該堅持哪一家的觀點，權衡各方的利弊」。事實上，關於新教繼承的隨筆直到1752年才發表，在1748年出版的書中則被代之以一篇名為《民族特性》的隨筆。休謨絕非英王詹姆斯二世的追隨者，但卻寫了一本小冊子來捍衛他的朋友斯圖爾特市長，這位市長曾因把愛丁堡拱手交給反叛者而在1747年受到指控。不過由於印刷者的膽怯，這本小冊子直到斯圖爾特被無罪開釋之後才得以出版。

雖然休謨甘願就其家庭教師工作達成妥協，但並未奏效。1746年4月，他被解僱了，而且有四分之一的薪水沒拿到，直到大約15年後，這筆錢大概才付清。一年前，休謨的母親去世，對此休謨極為悲傷。他本想回到失去母親的蘇格蘭，但因遠房親戚聖克萊爾(St Clair)將軍所提供的一個職位而作罷。這位將軍曾奉命率軍隊遠征加拿大，以幫助英國殖民者驅逐法國人，他要休謨擔任自己的秘書。正當遠征軍在樸次茅斯港等待適宜天氣時，休謨從秘書晉升為聖克萊爾所領導的全軍的軍法官。由於風向不好，遠征隊改道去了布列塔尼，在那裏沒有攻下洛里昂城。正當法國人決定投降時，他們放棄了包圍，幾乎一無所獲地回到了英國。聖克萊爾將軍的命運似乎比應受處罰更為不幸，面對伏爾泰的嘲笑，休謨後來曾撰文為將軍在遠征中的行為進行辯護。休謨不得不再次等待多年才從政府那裏拿到他應得的那份軍法官的薪水。

遠征軍解散後，休謨回到奈因威爾斯(Ninewells)小住。但在1747年初，他受將軍之邀回到倫敦，擔任這位身為「駐維也納和都靈宮廷的軍事使節」的將軍的副官。休謨身着一套可能並不合適的軍官制服。據一位年輕目擊者說：「這個胖傢伙會讓人想起吃甲魚的市政官，而不是優雅的哲學家。」(M 213–214)同樣是這名年輕人，雖然後來自豪於與休謨的熟識，但評論過休謨豐富的心靈世界與茫然若失的面容之間的不一

致，嘲笑他講法語或英語時帶有那種「非常濃重且極為粗俗的蘇格蘭口音」。

休謨在都靈一直待到1748年底，因此當奠定其文學聲譽的《道德和政治隨筆三篇》、《人類理解研究》的第一卷以及再版的《道德和政治論文集》出版時並不在英格蘭。法國大文豪孟德斯鳩對這些隨筆非常欣賞，遂將自己《論法的精神》一書贈予休謨，且在其生命的最後七年中一直與休謨保持定期通信。

如果我們相信休謨自傳中的說法，那麼休謨本人乃是漸漸才意識到形勢正在變得對自己有利的。他在自傳中談到自己返回英格蘭後，看到《人類理解研究》和再版的《道德和政治論文集》都沒有大獲成功，頓感顏面盡失。不過，這並未使他氣餒，反倒激起了他的志向。回到奈因威爾斯後，他於1751年完成了《道德原則研究》一書，旨在取代《人性論》的第三卷。休謨自認為「這是我所有歷史、哲學或文學作品中的最佳著作」（D 236）。次年他又發表了《政治論》。在這一時期，他也開始撰寫《自然宗教對話錄》，並且潛心研究，為撰寫《英國史》作準備。與此同時，他的著作開始招來批評。用他自己的話說，「牧師們、主教們一年中有兩三次答覆」（D 235），但休謨的應對方案始終是「一概不回應」。

雖然和休謨的其他著作一樣，《政治論》也沒有逃脫在1761年被列入羅馬天主教《禁書目錄》的命

運，但這種敵意大體上並沒有延伸至《政治論》。休謨說這部著作是「我唯一一部甫一出版即獲成功的作品」。該書最初包括12篇隨筆，其中只有4篇是嚴格政治性的。1篇涉及古代世界和現代世界的相對人口，其餘7篇則討論了我們現在所謂的經濟學。休謨是自由貿易的堅定支持者，他的隨筆在某種程度上預示了他年輕的朋友亞當·斯密(Adam Smith)在其名著《國富論》中提出的理論。休謨在去世前幾個月懷着欽佩之情讀了《國富論》第一卷。

1751年，約翰·霍姆結婚了，大衛和他的姐姐在愛丁堡建了住宅，隨着境況的改善，又搬到了更為舒適的住處。除了稿費收入，休謨在維也納和都靈擔任的職位使他「握有近1000鎊」。此外，除了他的50鎊收入，他的姐姐還有30鎊的私人收入。雖然他談到了自己的節儉，但其社交生活似乎很活躍；他經常受到各色朋友的款待，包括一些溫和的牧師，他自己也會加以回報。然而，倘若他能謀得格拉斯哥大學的邏輯學教席，他很可能會搬到格拉斯哥。這一年，該席位因亞當·斯密繼任了道德哲學席位而空了出來。儘管休謨得到了亞當·斯密以及其他一些教授的支持，但那些狂熱分子的反對再次阻止了他的當選。

休謨在愛丁堡擔任了蘇格蘭律師會的圖書館員一職，這對他未能獲得教席多少有些安慰。年薪僅40鎊，1754年後，休謨拒領這份薪水，因為圖書館館長

以書的內容下流為由拒絕休謨借閱拉封丹(La Fontaine)的《故事集》等三本書的要求。休謨直到1757年才辭職，在此之前，他採用了一種折衷的辦法，即把這筆錢給他的朋友、盲詩人布萊克勞克(Blacklock)。這個職位對休謨的好處在於，圖書館藏書極為豐富，他在撰寫《英國史》時可以閱讀所需的書籍。在把圖書館員的職位交給他的朋友、哲學家亞當‧弗格森(Adam Ferguson)之後，他似乎仍能利用圖書館的資源。

休謨六卷本的《英國史》沒有按照通常順序出版。它從斯圖亞特王朝開始，第一卷包括詹姆斯一世及查理一世的統治，第二卷講到詹姆斯二世垮臺，這兩卷分別於1754年和1756年出版。接下來的兩卷於1759年出版，寫的是都鐸王朝。全書以1762年出版的最後兩卷而宣告完成，這兩卷從凱撒入侵寫到亨利七世登基，涵蓋多個世紀。第一卷一經出版即告失敗，部分原因在於，它試圖在國王與國會的衝突中保持公平，結果既惹怒了輝格黨，又沒能讓托利黨滿意；還有一部分原因似乎在於，倫敦的書商們合謀反對休謨所委托的愛丁堡商行。最終，這家商行把版權明智地轉給了休謨通常合作的出版商安德魯‧米勒(Andrew Millar)，後者後來出版了休謨的其餘幾卷著作。這幾卷著作使休謨在評論上和金錢上都大獲成功。休謨售賣各卷版權總共得到超過3000鎊的收入，當時的人漸漸把這部著作看成一項傑出的成就，以至於休謨作為

圖3 愛丁堡的國會方庭和法院。國會大廈內部的蘇格蘭律師會圖書館，
休謨於1752至1757年在這裏任職。

歷史學家要比作為哲學家更受尊敬。伏爾泰甚至說：
「《英國史》的聲望沒法再高了，它也許是迄今為止
用任何語言寫成的歷史中最好的一部。」(M 318)很久
以後，利頓·斯特雷奇(Lytton Strachey)在其《人物小
傳》的一篇關於休謨的隨筆中評論說，休謨的書「卓
越而厚重，應歸入哲學研究，而不是歷史敘述」。這
一評價較為中肯，哪怕僅僅出於休謨的機智和優美的
風格，《英國史》也仍然值得一讀。

在《英國史》出版期間，休謨又於1757年出版了
另一本文集《論文四篇》。其中最重要的一篇是《宗
教的自然史》；第二篇《論情感》則是《人性論》第
二卷的濃縮和修正；第三、第四篇分別是《論悲劇》
和《論品味的標準》。第四篇論文原打算討論幾何學
和自然哲學，但因數學家朋友斯坦霍普勛爵勸告才用
《論品味的標準》一文取而代之。放棄那篇數學論文
後，休謨原打算補充《論自殺》和《論靈魂不朽》這兩
篇論文，從而使論文總數增至五篇，但出版商米勒擔心
這些文章會被視為對宗教的進一步冒犯，休謨只好將其
撤回。雖然這兩篇論文手稿的副本曾私下流傳，1777年
和1783年未經作者授權即出版，但它們從未被包括進休
謨授權的著作版本中，後來可見於1875年格林和格羅斯
版休謨著作集的第二卷「未發表論文」中。

1758年和1761年，休謨兩次到倫敦照看其《英國
史》其餘幾卷的排印。第一次去時，他在倫敦待了一

年多，很想在那裏定居下來，最後還是認定自己更喜歡愛丁堡的氛圍而放棄了這個想法。在倫敦期間，休謨受到上流社會和文壇的熱情款待。據鮑斯韋爾(Boswell)所說，約翰遜博士(Dr Johnson)說只要休謨加入某個群體，他將立即離開。但約翰遜博士對休謨的「憎惡」並未阻止他們不久以後成為皇家牧師晚宴的座上賓，而且沒有發生公開衝突。特別是，休謨利用他對米勒的影響而使他的朋友威廉·羅伯遜(William Robertson)牧師所著《蘇格蘭史》得以出版，甚至不惜自己著作的利益可能受損而去促銷羅伯遜的書。然而，當羅伯遜被任命為蘇格蘭王家史料編纂者時，他卻略為不快，因為他本人也很想擔任這一職位。

1763年，「七年戰爭」結束時，賀拉斯·沃波爾(Horace Walpole)的一個表親赫特福德伯爵出任英國駐法國宮廷大使。由於不滿意官方委任的秘書，他決定僱傭一個私人秘書，並選定了從未謀面的休謨。由於他本人非常虔誠，這一選擇令人驚訝，但有人極力向他推薦休謨，說休謨在法國聲名赫赫。起初休謨拒絕了這份工作，但在再次邀請之下接受了。在倫敦見到赫特福德夫婦時，休謨很喜歡他們，並於1763年10月陪他們去了巴黎。

一到巴黎，休謨就取得了最為非凡的社會成功。正如利頓·斯特雷奇所說：「王公貴族們奉承他，風雅的女士們崇拜他，哲學家們把他奉若神明。」在這

圖4　伏爾泰在晚宴上，參加晚宴的還有達朗貝爾、馬蒙泰爾、狄德羅、拉阿爾普、孔多塞、莫里和亞當神父。1763年被任命為英國大使秘書之後在巴黎逗留期間，休謨「被哲學家們奉若神明」，與百科全書派的狄德羅和達朗貝爾過從甚密。

些哲學家當中，與他過從甚密的朋友有百科全書派的狄德羅(Diderot)和達朗貝爾(d'Alembert)，還有唯物主義者霍爾巴赫(d'Holbach)男爵。有一個關於休謨在霍爾巴赫家吃飯的故事說，休謨自稱從未遇到過無神論者，而霍爾巴赫告訴他，在座的人當中有15位是無神論者，其餘3位尚未下定決心。在那些風雅的女士中，布夫萊爾伯爵夫人是其主要崇拜者，她在1761年給休謨寫信與之相識。她比休謨小14歲，是孔蒂親王的情婦，其丈夫去世後曾希望與親王結婚，但沒能如願。雖然她從未忘記這個首要目標，但她似乎曾一度愛上了休謨，而他們的通信更有力地證明，休謨也愛上了她。雖然1766年1月休謨離開巴黎後他們再未見面，但是在此後的10年裏他們一直保持着通信聯繫。休謨在去世前不到一周寫給她的最後一封信中對孔蒂親王的逝世表示了同情，並說「我自己也看到死亡在步步逼近，我沒有焦慮，沒有悔恨，最後一次向你致以深摯的感情和問候」。

休謨離開巴黎時，盧梭(Jean-Jacques Rousseau)與他同行。此前盧梭一直住在瑞士，但其異端的宗教觀點使之在當地成為眾矢之的，在法國也不能不受干擾地生活。他們共同的朋友韋爾德蘭夫人勸休謨保護盧梭，但也有哲學家警告說不能信任盧梭。盧梭的那位教育程度很低的「女管家」特萊斯·勒瓦塞爾也在她沿路勾引的鮑斯韋爾的護送下與之同行。初到英國

時，一切順利，休謨與盧梭彼此欣賞。在尋找住處的問題上出現了些麻煩，盧梭沒有到原先答應住的地方去住，而是最終同意住在富有的鄉紳理查德·戴文波特(Richard Davenport)提供的一個位於斯塔福德郡的只收名義房租的住處。休謨還為他申請到了國王喬治三世給予的200鎊養老金。但沒過多久，盧梭的偏執狂病發作了。賀拉斯·沃波爾曾寫過一篇針對盧梭的諷刺文章，而盧梭卻認為這是休謨寫的。英國新聞界有一些關於他的笑話，特萊斯從中進行了挑撥。盧梭確信這是休謨與法國哲學家合謀與之作對。他拒領國王的養老金，又開始懷疑戴文波特先生，還寫了言辭激烈的信給他在法國的朋友、英文報紙和休謨本人。休謨試圖讓盧梭相信自己的無辜但未果，此時他開始擔心自己的聲譽。他將整個事件的來龍去脈寫出來寄給達朗貝爾，説如果認為合適可將其發表。達朗貝爾的確發表了它，同時還發表了作為主要證據的信件。數月之後，達朗貝爾這本小冊子的英譯本也出版了。盧梭在英國一直待到1767年春，然後與戴文波特不辭而別，帶着特萊斯匆匆回到法國。對於休謨，盧梭的所作所為無疑十分惡劣，但休謨的一些朋友認為他應當體諒盧梭的偏執狂，這樣要比公開爭吵更有尊嚴一些。

1765年，赫特福德伯爵被任命為愛爾蘭的陸軍中尉，在啟程之前等待其繼任者到達的幾個月裏，休謨擔任巴黎代辦，並且展示出外交才能。他謝絕了赫特

圖5　蘇格蘭政治經濟學家和哲學家亞當‧斯密(1723–1790)，他説：
「總之，無論在休謨生前還是死後，我始終認為，他在人的天性弱點所
允許的範圍內已經近乎一個全智全德之人。」據説休謨曾經在臨終的臥
榻上讀過亞當‧斯密的《國富論》。

福德讓他去愛爾蘭的邀請，卻在1767年應赫特福德的弟弟、國務大臣康威將軍之邀任副大臣，負責北方部的工作。此後兩年，他在這個職位上出色地履行了自己的使命。

1769年，休謨回到愛丁堡時已經是一個年收入一千鎊的「富人」了。他在可由聖安德魯廣場進入的一條街上的「新城」中為自己建了一座房子。後來為了紀念他，這條街漸漸被稱為「聖大衛街」。休謨繼續積極從事社交活動，不顧對其哲學的大量攻擊，專心致志地修訂《自然宗教對話錄》。這本書是其遺著，可能是他的侄子於1779年出版的。1775年春，用他自己的話說，「我患了腸道疾病，起初我沒有擔心，後來開始憂慮時，此病已變得致命而無法治愈」（D 239）。他幾乎沒有感到疼痛，「精神一刻也沒有消沉」。鮑斯韋爾問休謨是如何面對死亡的，休謨向他保證，自己對此看得很平淡。約翰遜博士則堅稱休謨在撒謊。1776年8月25日，死神終於降臨在休謨頭上。

休謨的一生基本上印證了他對自己的描述：「這是一個性情溫和，能夠自制，坦誠而友好，愉快而幽默，能夠依附但不會產生仇恨，各方面感情都十分適度的人。」（D 239）亞當·斯密在其朋友的訃告結尾所作的描述無疑是真摯的：「總之，無論在休謨生前還是死後，我始終認為，他在人的天性弱點所允許的範圍內已經近乎一個全智全德之人。」

第二章
目標與方法

　　在哲學史上，大衛‧休謨往往被視為完成了一場運動，這場運動始於1690年約翰‧洛克(John Locke)《人類理解論》的出版，1710年即休謨出生前一年喬治‧貝克萊(George Berkeley)《人類知識原理》的出版則是它的延續。這場運動的主題是，人關於世界的知識只能來源於經驗。其發展線索是，如洛克所說，經驗由感覺和反思所組成；作為反思對象的心靈操作僅僅指向由感官所提供的材料或心靈操作本身對這些材料的改造；感官所提供的材料包括顏色、觸覺感受、身體感覺、聲音、氣味和味道等原子要素。

　　洛克試圖以此為基礎勇敢地描繪一幅與玻意耳(Boyle)和牛頓的科學理論相一致的物理世界圖景。它主要依賴於洛克所採用的知覺理論，該理論將感覺材料或洛克所謂的「簡單觀念」分成兩類：第一類是硬度、形狀和廣延等觀念，這些觀念不僅是物體作用於我們心靈的結果，在特性上也與這些物體相似；第二類是顏色、味道等觀念，它們僅僅是物體作用於我們心靈的結果。這兩類觀念分別被稱為第一性質的觀念

和第二性質的觀念。在這兩種情況下，性質都是物體通過「微小部分」(minute parts)的本性和活動而產生的，但實際上第一性質刻畫的是物體本身，第二性質則只是意向性的，僅僅是在適當條件下能使物體在我們心靈之中產生觀念的能力。

根據上述觀點，貝克萊被認為推翻了洛克的知覺理論，從而反駁了洛克。他不但表明洛克做出第一性質與第二性質的重要區分是沒有道理的，更具破壞性的是指出，根據洛克的前提，洛克相信有物體存在是沒有根據的；也就是說，只要按照牛頓和洛克的方式認為物體獨立於我們對它們的知覺而存在，而不是僅僅由觀念或「可感性質」所組成，那麼洛克就沒有理由相信有物體存在。貝克萊有些輕率地聲稱，認為物體僅僅由觀念或「可感性質」所組成，這種觀點更符合常識。必須有心靈去感知觀念，由於我們只有很少一部分觀念是我們自己幻想出來的，所以絕大多數觀念需要有某個外因。但這並不需要，也沒有根據，而且正如貝克萊所推理的，甚至沒有任何融貫的可能性要去求助於物質。上帝不僅足以產生我們的觀念，而且足以在人沒有知覺到事物時維持事物存在。如果貝克萊像後來約翰·斯圖爾特·密爾(John Stuart Mill)所研究的那樣把物體歸結為「感覺的持久可能性」，他也許會給上帝減輕一點負擔，其著作中有些段落似乎表明他持這種觀點。但貝克萊是聖公會的一位主教，

將上帝的作用最大化符合其宗教興趣。在牛頓物理學中，宇宙被造物主創造出來，然而一旦這個宇宙機器啟動，造物主就可以不再管它，它將自行可靠運轉。貝克萊認為，這鼓勵了自然神論，甚至更糟。因此，他務必使上帝持續不斷地關注萬物。

休謨所承擔的角色基本上是，當初貝克萊怎樣批判洛克，他就怎樣批判貝克萊。貝克萊取消了物質，至少是取消了物理學家所理解的物質，卻保留了心靈。自認為是懷疑論者的休謨表明，貝克萊的這種偏愛是沒有根據的。正如我們沒有理由相信物質實體的存在，我們也同樣沒有理由相信那種在時間中保持同一性的心靈的存在。我們也缺少任何合理的理由去相信貝克萊所說的上帝的存在。但休謨把他的懷疑論推得更遠。洛克和貝克萊都不加深究地接受了因果性概念，他們的區別僅僅在於，洛克承認物理微粒之間存在着力的關係，而貝克萊則認為因果活動完全由心靈來控制。休謨着手分析原因與結果的關係，他的分析表明，力的觀念或者通常所理解的因果活動的觀念乃是一種神話，不同的事件之間不可能有必然聯繫。於是，剩下的只是一系列沒有外在對象的短暫「知覺」，它們不屬於任何持久的基體，彼此之間甚至沒有約束力。

這是與休謨同時代的最有才幹的批評家、繼亞當·斯密之後接任格拉斯哥(Glasgow)大學道德哲學

L. Boilly

Les cinq sens.

圖6　L.貝利的一幅漫畫，表現了視覺、嗅覺、味覺、觸覺和聽覺五種感官。洛克、貝克萊和休謨所屬的傳統試圖把知識與能夠通過感覺觀察到的東西結合起來。

教授的托馬斯‧里德(Thomas Reid)牧師歸於休謨的結論。里德是蘇格蘭常識哲學學派的創始人，該哲學傳統一直保持到19世紀；他在1764年出版的《根據常識原則對人類心靈的探究》一書率先將《人性論》的第一卷看成休謨哲學觀點的首要來源，雖然休謨本人曾打算以《人類理解研究》來取代《人性論》的第一卷。里德認為，從洛克的前提導出其邏輯結論是休謨的貢獻。由於結論明顯是荒謬的，因此有某種東西從一開始就錯了。正如里德所看到的，主要錯誤在於洛克及其追隨者採用了觀念理論，他們以為被直接感知的東西(無論是洛克所謂的「觀念」，還是「可感性質」，抑或是休謨所謂的「印象」)離開了它出現於其中的知覺狀況就沒有存在性。如果我們像今天大多數哲學家那樣拒絕接受這種看法，而是追隨常識，把能進行知覺活動的人的存在視為理所當然，並認為這些人通過其感官直接認識了由獨立於人的知覺而存在的物體所組成的同一個世界，那麼休謨的懷疑論即使不能在每一個細節上都能令人滿意，至少其最不尋常的特徵將被消除。

作為懷疑論者的休謨使洛克和貝克萊的經驗論遭到挫敗，一個多世紀後，與休謨相同的觀點出現在牛津哲學家格林的著作中。格林(T.H. Green)編輯出版了休謨的《人性論》，並為其撰寫了一篇很長的導言，其主要目的就是推翻他編的這本書的觀點。然而，他

的攻擊思路幾乎與里德的毫無共同之處。到了這個時候，雖然密爾發動了一場後衛戰鬥，但康德和黑格爾的影響還是蔓延至英國哲學，越來越有損於常識。格林正是這一潮流的領導者之一。他對休謨的主要反駁是，休謨認為給世界帶來最高秩序的僅僅是觀念的聯想。根據他從洛克和貝克萊那裏繼承的原理，休謨再次被認為是合理的；從中得出的教益是，需要有一種新的研究進路。這一點得到了康德的讚賞，康德在《未來形而上學導論》中說是休謨使他從「獨斷論的迷夢」中醒來，並且給他「在思辨哲學領域的研究以全新的方向」。在1930年代的牛津，也許直到今天在某些地方，對休謨的正統看法是：雖然休謨有格林無情指出的各種錯誤和不一致，但他仍然為哲學做出了重大貢獻，比如貝利奧爾學院前任院長林賽(A. D. Linsay)在為袖珍人人哲學讀本所作的導言中就提出了這種看法。休謨一方面表明，不加批判地信任理性會以獨斷論而告終，另一方面又表明，純粹的經驗論是荒謬的，從而為康德鋪平了道路。

據我所知，是諾曼・肯普・史密斯(Norman Kemp Smith)教授作為評論者第一次既不把休謨看成洛克和貝克萊的附庸，也不把他看成康德的先驅者，而是把他視為一個原創性的哲學家，至少應予認真考察。1941年，肯普・史密斯(Kemp Smith)教授出版了《大衛・休謨的哲學：對其源頭和核心學說的批判性研

究》。這本書篇幅很長，也並不總是明白易懂，但它寫作認真，學問深厚，特別注重休謨實際所說的話。例如他指出，如果休謨的主要意圖是清理洛克和貝克萊的遺產，那麼他將不大可能在《人性論》的導言中宣稱：「在自稱……解釋人性的原理時，我們實際上是在提出一個完整的科學體系，它建立在幾乎全新的基礎上，這個基礎乃是唯一穩固的科學基礎。」(T, p. xvi)肯普·史密斯還指出，雖然這篇導言的確把洛克列入了「那些開始為人的科學奠定新基礎的一些晚近的英國哲學家」，但休謨提到的其他一些人，如「沙夫茨伯里伯爵、曼德維爾博士、哈奇森先生、巴特勒博士」(T, p. xvii)等等，都是道德哲學家。這正應驗了肯普·史密斯的觀點，即休謨的主要關切是把自然哲學吸收到道德哲學之中。在道德哲學中，休謨同意弗朗西斯·哈奇森的看法，認為我們的道德判斷建立在一種至高無上的「道德感」的運作的基礎上。而在包括對物理世界的研究的自然哲學中，這種統治權則是肯普·史密斯所謂的「自然信念」。這些都是對「感受」的表達，主要由習性或習慣所控制，而不受制於任何嚴格意義上的理性。只有在我們現在所謂的純形式問題這一有限領域內，理性才有支配權。總之，根據這種觀點，休謨的名言「理性是而且也只能是激情的奴隸，除了服務和服從激情，再不能有任何其他職務」(T 415)不僅像通常認為的那樣適用於價值判斷，

A
TREATISE
OF
Human Nature:
BEING
An ATTEMPT to introduce the ex-
perimental Method of Reasoning

INTO

MORAL SUBJECTS.

Rara temporum felicitas, ubi fentire, quæ velis; & quæ
fentias, dicere licet. TACIT.

VOL. I.

OF THE
UNDERSTANDING.

LONDON:
Printed for JOHN NOON, at the *White-Hart*, near
Mercer's-Chapel, in *Cheapfide*.
MDCCXXXIX.

圖7 《人性論》扉頁的複製本。引文意為「人們很少有機會思其所愛，說其所想」。

而且也適用於除我們理解力的純形式訓練之外的全部範圍。後面我們將會考察肯普‧史密斯對休謨哲學的這種總體觀點在多大程度上是合理的。

如果認真研究休謨的著作，我們就會發現他與貝克萊的分歧。誠然，休謨在《人性論》中把貝克萊稱為「一位偉大的哲學家」(T 17)，但這主要是因為貝克萊的抽象觀念理論，根據這一理論，「所有一般觀念都只是附屬於某個詞項的特殊觀念，該詞項賦予那些特殊觀念一種較為廣泛的意義，使它們有時喚起與之相似的其他個體」(T 17)。休謨稱這一理論是「近年來學術界最偉大、最有價值的發現之一」。至於該理論是否配得上休謨的這種評價，則是我們必須討論的另一個問題。休謨和貝克萊都拒絕接受洛克關於第一性質和第二性質的觀念的區分，在《人類理解研究》中，休謨認為「那些第一性質的觀念是通過抽象而獲得的」這樣一種觀點，「如果我們加以認真考察，就會發現是無法理解的甚至是荒謬的」(T 154)。他承認自己的這種懷疑論觀點得益於貝克萊。他接着說：「這位聰明作者的大多數作品已經成為古今哲學家(培爾也不例外)懷疑論的最佳課程。」(E 155)這是對貝克萊的非凡評價，更不尋常的是，正如肯普‧史密斯用大量文獻所表明的，皮埃爾‧培爾(Pierre Bayle)在1697年出版的懷疑論的《歷史與批判辭典》乃是休謨本人懷疑論的主要資料來源。休謨很清楚，貝克萊不會承

認自己是一個懷疑論者。恰恰相反，貝克萊把懷疑論者、無神論者和自由思想家都歸於他的哲學體系旨在挫敗的敵手。但休謨仍然認為，貝克萊的所有論證都是「純粹懷疑論的」，其理由是，「它們不容許任何回應，也不產生任何可信性。它們的唯一作用就是造成那種暫時的驚異和猶豫不決，這正是懷疑論的結果」(E 155)。

休謨也這樣看待自己的論證嗎？我們將會看到，有關證據是相互衝突的，甚至在《人性論》第一卷著名的最後一章中，休謨聲稱已經表明，「理解力在依照它最一般的原則單獨起作用時就完全推翻了它自己，不論在哲學中還是在日常生活中，在任何命題中都沒有留下最低程度的證據」(T 267–268)。我將會指出，這裏休謨過份誇大了其推理的懷疑論意義，但我現在要指出的是，休謨從「任何優雅或細緻的推理都不應當接受」(T 268)的結論中退縮了。事實上，他的確說過：「自然本身足以」治愈他的「哲學憂鬱症」，他認為自己「絕對而必然地決心像其他人一樣在日常事務中生活、談話和行動」(T 269)。即便如此，這也並不意味着對哲學的拒斥。在這一章結尾，休謨仍然「希望建立一個體系或一套觀點，即使不是真的(因為這也許超出了我們的希望)，至少也會使人的心靈感到滿意，經得起最嚴格的考察檢驗」(T 272)。在《人類理解研究》中(別忘了此書是用來取代《人性

論》的)，我們也幾乎聽不到懷疑論的論調。而當這種論調的確出現時，其用處也是正面的，它是一種對抗迷信的武器。

休謨也並非認為貝克萊的所有論證都無法回應。他也許認為貝克萊對物質存在的否證沒有什麼明顯缺陷，儘管這一點很可疑，但他確信自己可以回應貝克萊關於上帝存在的證明。該回應出現在《人類理解研究》所載休謨對馬勒伯朗士(Malebranche)的答覆中。馬勒伯朗士曾以偶因論者的身份回答過笛卡兒的問題，偶因論者「聲稱通常被稱為原因的那些對象其實只是偶因；每一個結果真正而直接的本原並非自然之中的任何能力或力量，而是至高存在的一種意志，這個至高存在想讓這些特殊物體永遠彼此連接在一起」(E 70)。休謨對這種仙境漫遊所作的評論也適用於貝克萊，他說如果我們無法參透物理力的秘密，我們將「同樣對心靈哪怕是至高的心靈作用於自己或物體所憑藉的方式或力一無所知」(E 72)。如果我們意識不到自身之中的這種能力，那麼我們把它歸於一個至高存在什麼也解釋不了，關於這個至高存在，除了「我們通過反思自己的官能所瞭解到的東西」(E 72)以外，我們一無所知。休謨還嘲笑貝克萊說：「神若把一些權力授予低等的受造物，肯定要比憑藉他自己的直接意志產生萬物更能證明他有較大的能力。」(E 71)

休謨在嘲諷方面的才能堪比他的歷史學家同仁愛

德華‧吉本(Edward Gibbon)。和吉本一樣，論及宗教時，休謨的這種才華最能顯示出來。比如在他生前未曾發表的那篇《論靈魂不朽》中，他說「任何東西都無法更完整地呈現人對神的啟示所負有的無窮義務，因為我們發現，沒有任何媒介能夠確定這個偉大而重要的真理」(G 406)。在《人類理解研究》中，他在論神跡一章的最後更加直接地寫道，不可能有任何理由讓人相信神跡，「基督教不僅從一開始就伴隨着神跡，即使在今天，任何講理的人離開了神跡也不可能相信它。單憑理性不足以使我們相信基督教的真理性；如果有人受信仰的感動而贊成基督教，那他一定親身體驗到了持續的神跡，此神跡推翻了其理解力的一切原則，使他決意相信與經驗習慣非常抵觸的東西」(E 131)。

　　休謨一貫反對基督教，這既有理智根據又有道德根據。比如在《宗教的自然史》一文中，他先是承認「羅馬天主教徒是一個非常有學識的教派」，然後又贊許地引用「那個著名的阿拉伯人阿威羅伊斯」的話說，「在所有宗教中，最為荒謬和無意義的是這樣一種宗教，其信徒在創造了他們的神之後又吃了祂」(G 343)；他又補充說：「在所有異教信條中，最荒謬無稽的莫過於實際在場的信條：因為它是如此荒謬，以致避開了所有論證的打擊。」(G 343)加爾文宗的日子也不好過。對於他們，休謨贊同他的朋友謝瓦利埃‧

拉姆齊的看法，認為猶太人的神「是一個極為殘忍、不公正、偏心和荒誕的存在」(G 355)。他較為詳細地證明了這一命題，以表明加爾文宗的信徒們在褻瀆神明方面勝於異教徒。「更為粗俗的異教徒只滿足於將色慾、亂倫和通姦神聖化，而命定論的博學之士卻將殘忍、憤怒、狂暴、報復以及一切最黑暗的罪惡神聖化。」(G 356)這句話也許會被認為僅僅是在譴責命定論的博學之士，但休謨在《人類理解研究》中已經指出，既然人的一切行動都像物理事件一樣是決定的，那麼如果把這些行為追溯到一個神，則除了是其他一切事物的創造者之外，祂必定也是「罪與道德墮落的創造者」。萊布尼茨認為，現實世界是一切可能世界中最好的，因此它所表現的所有罪惡其實證明了上帝的善——這種想法對於休謨和伏爾泰來說都是荒謬可笑的，儘管休謨缺乏合適的性情寫出一部像伏爾泰的《老實人》那樣帶有強烈嘲諷意味的作品。

一般來說，休謨傾向於認為，相信神的單一性的人，無論接受的是基督教版本還是其他什麼版本的一神教，在理智上都比多神論者更超前，因為在休謨看來，多神論者所信奉的宗教是非常原始的。另一方面，一神論者因不寬容而主動迫害那些不同意其宗教觀點的人，這使一神論者「對社會更具破壞性」(G 338)。休謨將宗教信仰的起源歸因於人們對自然原因的無知，以及「驅策人心的持續不斷的希望和恐懼」

(G 351)。為使希望得到滿足，恐懼得以減輕，人們求助於與自己特性相似但能力遠為強大的存在者。之所以發明這些存在者，據說是因為「人類普遍傾向於設想一切存在者都像自己，並把他們熟悉和明顯察覺到的性質轉移到每一個對象上去」(G 317)。即使存在者很少甚至從來沒有具體形象，其數目減少到一，這種傾向也將持續存在。

休謨從未宣稱自己是無神論者。恰恰相反，在《宗教的自然史》等作品中，他公然宣稱接受設計論證。他寫道：「整個自然結構表明有一個理智的創造者；任何理性的探究者經過認真反思，都不會對真正有神論和宗教的基本原則感到片刻懷疑。」(G 309)這段話並非明顯地不誠懇，我不得不按照我個人的偏見將其視為一種諷刺。然而事實上，在《自然宗教對話錄》這部傑作中(該書是休謨在生命的最後25年中斷斷續續寫成的)，我們將會看到，最強有力的論證借斐洛之口說出，他在對話中扮演的角色正是要駁斥那種設計論證，我也同意肯普‧史密斯(他編了一個出色的《自然宗教對話錄》版本)的看法，即休謨從未公開表明自己的觀點，是想讓敏銳的讀者得出結論說，他持斐洛的立場。在我看來，不僅要使各種更為迷信的有神論名譽掃地，而且要使任何形式的宗教信仰都名譽掃地，這的確是休謨哲學的一個主要目標。

在考察17世紀或18世紀初任何一位著名哲學家的

著作時，必須時刻牢記，他們並沒有把哲學與自然科學或社會科學區分開來，這種區分只是最近才興起的。這並不是說他們把哲學本身看成一門特殊的科學，而是說，他們把每一種形式的科學研究都視為哲學的。對他們而言，主要劃分是集中於物理世界的自然哲學和被休謨稱為「人性科學」的道德哲學。必須承認，在這兩者當中，自然哲學要發達得多。我們對自然界物理運作的認識的進步始於哥白尼、開普勒和伽利略的工作，在玻意耳和牛頓的工作中達到頂峰，而道德哲學家則沒有在重要性上可與之相比的工作。然而在某種意義上，洛克和休謨都認為道德哲學最重要。正如休謨在《人性論》導言中所說，其理由在於，「一切科學都與人性有或多或少的聯繫，不論看上去與人性離得有多麼遠，它們總會以這樣那樣的途徑回到人性」(T, p. xv)。邏輯學、道德學、評論學和政治學等科學要比其他科學與人性有更緊密的聯繫，但即使是數學和物理科學也要依賴於人的認知能力。休謨說：「如果我們徹底瞭解了人類理解力的範圍和能力，能夠解釋我們所運用的觀念以及推理操作的性質，那麼我們在這些科學中所能做出的變化和改進簡直無法言表。」(T, p. xv)

和之前的洛克一樣，休謨決定滿足這些需求。他對洛克的尊敬是有限度的，他正確地責備洛克過份散漫地使用「觀念」一詞，又有失公正地責備洛克受到

經院哲學家的誘惑而錯誤地處理了天賦觀念問題，並且讓「模棱兩可和累贅繁冗」貫穿於「在許多其他問題上的……推理」(E 22)。但他同意洛克的這樣一種看法，即推理中的實驗方法適用於道德科學，他們二人都把牛頓及其先驅者的成就歸功於此方法。然而，洛克對牛頓理論有更深的理解。雖然他們都認為牛頓理論依賴於「經驗和觀察」(T, p. xvi)，但洛克注意到，在牛頓那裏這種依賴是間接的，而休謨似乎沒有注意到這一點。洛克知道，牛頓是通過物體的本身觀察不到的「微小部分」的活動來解釋物體行為的；他試圖將這個事實與他給我們的觀念以及隨之產生的認識能力所強加的限制調和起來，正是這一努力導致了休謨指責他的「模棱兩可和累贅繁冗」。而在休謨口中，牛頓就好像只是在運用直接歸納而已。牛頓在《自然哲學的數學原理》開頭所說的那句摒棄假設的名言──「我不杜撰假說」──可能是說他不提出那些缺乏實驗證據的命題。而休謨卻似乎認為牛頓的意思是，他不作任何不基於觀察實例的概括。這一歷史錯誤在一定程度上影響了休謨對因果關係的處理。對因果關係的處理是休謨體系的一個特點，休謨本人也正確地認為它最重要，但我將試圖表明，這一歷史錯誤並未嚴重削弱其論證的力量。它並沒有影響休謨發展一種心靈科學的嘗試，因為這裏的全部關鍵在於，他能對意識的不同狀態做出準確描述，並能基於日常觀

察做出被認為令人滿意的概括。

至少從表面上看,洛克和休謨所遵循的方法非常簡單。他們提出了兩個問題:提供給心靈的材料是什麼?心靈又如何利用它們?休謨對第一個問題的回答是,材料由知覺構成,他將知覺分成印象和觀念兩類。在讚揚《人性論》優點的不具名的《〈人性論〉摘要》中,休謨說該書作者稱「知覺是呈現於我們心靈的不論什麼東西,無論我們在運用自己的感官,還是受情感驅使,抑或是運用我們的思想和反思」(T 647)。他又說,「當我們感受到任何類型的情感,或者我們的感官帶來外物的意象時」(T 647),知覺被稱為印象。他補充說:「印象是生動而強烈的知覺。」這意味着觀念之所以較為模糊和微弱,是因為觀念是在「我們反思不在場的情感或對象時」所產生的(T 647)。

除了對外在對象的指涉(我們將會看到,這對於休謨來說構成了一個嚴重的問題),這種對印象的論述非常類似於《人性論》中對它的論述。在《人性論》中,休謨把印象解釋為「最有力、最強烈地」進入心靈的那些知覺,並把「印象」理解為「初次出現於靈魂中的我們的一切感覺、激情和情感」(T 1)。在《人類理解研究》中,他又滿足於把「印象」解釋為「我們在傾聽、觀看、感受、愛恨、慾求或決意時我們較為生動的一切知覺」(E 18),但這個定義過於簡潔,以致容易讓人誤解。印象的顯著特徵並不是其力量或生

動性，而是其直接性；一般說來，這也許會使印象比記憶的形象或幻想的產物(休謨將這些東西歸入與印象相對的觀念)更為生動，但經驗證據表明，情況並非總是如此。

與洛克不同，休謨並不反對說印象是天賦的。他指出，「如果所謂天賦的是指與生俱來的，這一爭論似乎就是膚淺而無聊的；我們也不值得討論思想是在什麼時候開始的」(E 22)。在《人類理解研究》的這段話中，休謨所謂的「天賦」是指「原初的或不由先前知覺複製而來的」，而在《〈人性論〉摘要》中則是指「直接從本性中」產生的知覺。在這兩個地方，他都斷言所有印象都是天賦的。根據第一個定義，很難說我們的感覺印象是這樣的，除非對「複製」的理解很狹窄。如果把第二個定義應用於它們，我們似乎只是用了一種不同方式來說明，印象是感知覺(sense-perception)的直接內容。然而，休謨的例子清楚地表明，他這裏主要關注的是激情。他的論點是，像「自愛、對侮辱的憤恨或兩性的激情」(E 22)這樣的東西都是人性所固有的。

在一些段落中，休謨似乎在暗示他對印象與觀念的區分可以等同於感受與思想的區分，但這並不意味着他正在預示康德對直觀與概念的區分。休謨所說的印象不僅在概念之下進入心靈，而且這些概念一定可以應用於印象。他的論證是：「既然心靈的一切活動

和感覺都經由意識而為我們所知，這些活動和感覺必定在每一個特殊情況下都顯示為它們之所是，是其顯示的樣子。進入心靈的每一個事物都實際上是一種知覺，不可能任何東西對感受來說都顯得不同。那就等於假設，即使我們有最親切的意識，我們仍然會犯錯。」(T 190)雖然休謨是在否認印象可以偽裝成外在對象時講這段話的，但我認為休謨的意圖顯然是想讓他所主張的「一切感覺都被心靈如實地感受到」應用於我們對其性質的認識。在這一點上他是否正確，是一個懸而未決的問題。我們無疑可以誠實地錯誤描述我們的感受以及事物向我們呈現的方式，但可以說此時我們的錯誤是純粹語詞上的，正如羅素所說：「我所相信的是真的，但我選錯了語詞。」困難在於，在有些情況下，事實錯誤與語詞錯誤之間的界限不容易劃清。幸運的是，就休謨的情形來說，他可以把這個問題擱置起來。他不得不說，我們對印象性質的估計不大可能犯錯誤，但並非絕對不會錯。事實上，在估計於空間中延展的複雜印象的相對比例時，他承認有可能產生懷疑和出錯。關於它們是「大於、小於還是等於」，我們的判斷「有時是不會出錯的，但並非總是如此」(T 47)。

在休謨對印象的論述中，一個更加關鍵的要素是，他認為所有印象都是「內在的、易逝的存在」(T 194)。正如休謨通常所做的那樣，他支持這種觀點

的論證是邏輯與實驗的混合。那些據稱「使我們確信我們的知覺沒有任何獨立存在性」的實驗在哲學文獻中通常有一個不太恰當的名稱，即「出於幻覺的論證」。「我們的所有知覺都依賴於我們的器官，依賴於我們的神經和靈魂精氣」，對這一有事實證據的看法的確證是，「物體看起來近大遠小，物體的形狀看起來在改變，我們在疾病和發熱時物體的顏色和其他性質都在變化；此外還有無數其他同樣類型的實驗」(T 211)。

除了休謨是否有權根據他的前提以這種方式利用物理學和生理學，這個論證顯然不能令人信服地反駁像里德那樣的反對者，他們採取一種常識看法，認為在感知覺的正常運作中，物體是直接呈現給我們的。該論證之所以不能令人信服，是因為他們的立場並不必然使他們否認我們的知覺因果地依賴於除所感知對象的存在性之外的其他一些因素，也並不必然使他們堅稱我們總是按照事物的實際狀況去感知事物。因此我認為，休謨如果依賴於他的純邏輯論證也許會更好，即假定一個被定義為特殊知覺內容的東西可以獨立自存，這是自相矛盾的。簡而言之，印象被命令為「內在的、易逝的」。稍後我將無視目前流行的觀點，論證這一點(或至少是某種與之非常相似的看法)是一個合法的程序，它可以成為一個站得住腳的知覺理論的基礎。

出於一些很快會看得很明顯的理由，休謨主要關心的是觀念，但對於自己如何使用「觀念」一詞，他的說明卻是草率的和不當的。他在《人性論》中說，他所謂的觀念是指印象「在思維和推理中」的「模糊意象」(T 1)；在《〈人性論〉摘要》中說：「當我們反思一種不在場的激情或對象時，這種知覺就是一個觀念。因此，印象是我們生動而強烈的知覺，觀念則是更為模糊和微弱的知覺。」(T 647)《人類理解研究》給出的解釋非常相似，只是解釋順序倒了過來。該主題是這樣引入的：「我們可以將心靈中的一切知覺分成兩類，它們是由力量和生動性的不同程度來區分的。」(E 18)

之所以說休謨的這些解釋是不恰當的，並不只是因為它們錯誤地假定，概念的運作(對休謨來說，這是觀念的表現)總是由意象實現的。毋寧說，休謨側重於一個錯誤的因素。為了論證，讓我們考慮這樣一種情況，即某種激情或感覺的確以意象的形式表現出來。該意象與原先的激情或感覺出現時相比也許更不生動，也許相反。關鍵在於，不論意象有多麼生動或模糊，它都不能使自己超出自身。激情或感覺的意象只能被解釋為一種象徵；它必定會使人相信它所代表的東西的存在，而不是它自己的存在；於是它自身相對強度的問題就變得不相干了。

這些觀點可以用記憶的例子加以清楚說明。休謨

對記憶所言甚少。他把記憶稱為我們重複自己印象所憑藉的一種官能，雖然在他看來，任何印象當然都不可能原樣重複；他還說，在記憶中複製的東西就其生動性而言「介於印象和觀念之間」(T 8)。一般來說，休謨似乎理所當然地認為記憶是可靠的，至少是就最近發生的事件而言。他在很大程度上把記憶的材料置於與感知覺的直接材料相同的層次上，並把它們當成知識的來源，充當着更大膽的推論的基礎。我們將會看到，我們有權做出他主要關心的這些更大膽的推論。這裏有意思的是休謨對記憶的觀念與想像的觀念之間的區分。根據我們現在將要考察的休謨哲學的一條基本原則，這兩種觀念必須都來源於以前的印象，但記憶(只要它正常起作用)「保存了呈現其對象的原有形式」以及對象最初出現時的順序，而想像，只要處於過去的印象的範圍之內，卻可以按照任何順序自由地安排其對應物的順序，並且隨心所欲地對其進行組合，不管這些組合是否實際出現過。但這裏有一個困難是休謨基本上忽視的，他只順便提到過一次，即我們無法回到我們過去的印象去發現這種差異是在哪裏獲得的。因此，我們實際上只有通過「記憶較大的力量和生動性」(T 85)才能區分記憶和想像。《人類理解研究》也用同樣的說法來區分印象與觀念。較之「生動而強烈的」記憶觀念，想像的觀念是「模糊和無力的」(T 9)。

這顯然是不可接受的。首先，我們完全有可能記起過去的經驗，比如我們參與過的一次交談，或者當事情出差錯時的失望感，這根本不需要借助任何意象。我們甚至可以不借助任何實際意象來想像某種東西是事實。不過，我們還是只考慮意象的確發揮作用的情況。認為服務於想像的意象總是比進入記憶的意象更加模糊無力，這完全是錯誤的。事實上，休謨本人在《人性論》附錄中的一節中承認了這一點，並且搪塞說，即使詩意的虛構描繪出更為生動的畫面，它所呈現的觀念仍然「不同於從記憶和判斷中產生的感覺」(T 631)。但這其實等於承認，關於相對生動性的整個問題是不相關的。無論是否借助於意象，記憶的獨特特徵是它展示了一個人對他所瞭解的事物的信念：在休謨所關注的意義上，這種信念是對過去某種經驗出現的信念。而想像的獨特特徵(除了在說某物是想像的意味着它並不存在這種意義上)則是，就它所表現的事態的存在而言，它是中立的。休謨正確地認為，一個人對於過去經驗的記憶與他在想像中對他相信的確出現過的經驗的重構之間只有「語氣上的」不同，但如果他把這看成唯一的或主要的爭論所在，那他就錯了。

這裏我用了「如果」一詞，是因為我們並不清楚休謨是否總是這樣認為。休謨不是一個一致的作者，他在《人性論》附錄的題為「論觀念或信念的本性」

一節的一個注釋中說，在對信念做出哲學解釋時，「我們只能斷言它是被心靈感受到的某種東西，它將判斷的觀念與想像的虛構區分開來」(T 629)。雖然休謨並沒有把記憶明確包括在判斷的觀念之中，但從前後文可以看出這一點；同樣，雖然休謨進而把我們所認同的觀念說成比我們的幻想「更加強烈、牢固和生動」，但現在看起來，他似乎是在一種技術意義上來使用像「生動」這樣的詞的，暗示着這些詞所限定的觀念值得贊同。

問題在於，休謨缺乏一個關於意義和指稱的恰當理論。在《人性論》附錄的結尾，他承認並不滿意自己對信念的討論。由於他把信念首先與推理聯繫在一起，並假定一切推理最終必須建立在某種印象的基礎上，所以他最初把信念定義為「與當前印象相關或相聯繫的生動觀念」(T 96)，但在這裏，「生動」一詞是不適當的，除非用它來代替像「被同意的」這樣的表述。休謨的確提出了一個有效的論點，即信念不能是附加於為信念提供內容的觀念的更進一步的觀念，因為正如我們現在要指出的，用一個句子來陳述的東西，無論它是否被相信，都是相同的。休謨指出，信念也不能是一種印象，因為它依附於僅由觀念所組成的結論上。他有時把信念稱為一種情感，卻沒有澄清在既非印象亦非觀念的情況下情感究竟是什麼。最後，他不得不在《人類理解研究》中說：「信念不在

於各個觀念的特殊本性或秩序，而在於對它們的構想方式，在於心靈對它們的感受。」(E 49)這樣說幾乎沒有什麼啟發性，但為公平對待休謨起見，可以說關於給信念做出一種既非平凡亦非循環的分析的問題仍然有待解決。我認為，最近通過行動傾向來分析信念的嘗試並不成功。

我們也許會認為，休謨對抽象觀念的論述中包含着一個指稱理論，但在這裏，他比其他任何地方更受到其錯誤假設的妨礙，即對概念的運用在於構造一個意象。這導致他無謂地致力於證明意象有確定的性質，他並沒有把這一命題與他同樣論證的另一個命題明確區別開來，即意象代表着那些本身有確定性質的特殊個體。我不確定這些命題中第一個是否為真，但即使兩者都為真，它們也是不相干的，因為使用一個一般詞項並不需要伴隨着一個意象或對任何特殊個體的思想。貝克萊「發現」，詞項之所以成為一般的，並非因為它們代表着一個抽象的東西，而是憑藉它們的使用。休謨對這一「發現」明智地表示歡迎，但對於它們的使用，他只是說：「個體被集合起來置於一個一般詞項之下，以使它們互相類似。」(T 23)

此前我曾提到休謨關於觀念起源的一條基本原理，它最初見於休謨的《人性論》：「我們的全部簡單觀念在最初出現時都來源於簡單印象，這些簡單印象對應於簡單觀念，並為簡單觀念精確描述。」(T 4)

對休謨而言，該原理的最重要之處在於，它為觀念或概念的正當性提供了標準。正如他在《人類理解研究》中所說：「當我們懷疑對一個哲學詞項的使用沒有任何意義或觀念時(這是很常見的)，我們只須考察這個詞項據稱源於什麼印象。」(E 22)

休謨把這當成一種經驗概括，但奇怪的是，他立即給出了一個反例。他設想了這樣一種情形：一個人熟悉各種不同的色度，卻漏掉了其中一個色度。休謨非常正確地指出，此人可以就這個漏掉的色度形成一種觀念，認為它在色度上介於其他兩個色度之間。在設計出這個反例之後，休謨又輕率地不再考慮它，說它過於「特殊和異常」，不足以使他放棄其一般準則；事實上，他繼續認為他的準則是普遍成立的。倘若休謨能夠修改他的原理，使之適用於觀念的實現而非觀念的來源，他本可以避免這種對邏輯的有意冒犯。那樣一來，它會要求一個觀念能被某種印象所滿足。我認為，如果能夠無偏見地理解「滿足」一詞，以便讓觀念在進入一個至少能被感覺經驗間接確證的理論時得到滿足，那麼這條原理是能夠得到辯護的。但這會使我們遠離休謨。他可能接受的修改是，觀念必須能被印象所例示，但這種修改雖然可以適應休謨所舉的反例，約束性仍然太強。在實踐中，休謨接受那些能被物體所例示的觀念，這些物體本身是通過想像力的某些活動從印象中建立起來的。我們將會討論

這種實踐與他的正式理論是多麼相左。

在集中討論了觀念之後，休謨又考察了觀念連接的方式。在《人性論》中，他區分了七種不同的哲學關係，並按照能否是「知識和確定性的對象」而把它們分成兩組。其中有四種關係能夠達到這個目標，因為它們只依賴於觀念的內在性質，這四種關係是：相似關係、相反關係、性質程度關係和數量比例關係。其餘三種關係是：同一性、時空關係和因果關係。休謨把同一性放在第二組的理由是，完全相似的對象如果不在時間和空間上重合，仍然可能在數量上不同。這證明了一個已經明瞭的事實，即休謨所謂的觀念之間的關係並不僅僅是觀念之間的，而且也擴展到了落在觀念之下的對象之間的關係。事實上，在休謨列出的所有關係中，也許只有相反是純粹概念的。

這種對關係的劃分預示着休謨的第二條基本原理，即「人類理性研究的一切對象都可以自然地分為兩種，即觀念的關係和事實」(E 25)。在這句出自《人類理解研究》的話中，關於觀念關係的斷言被當作純概念的，因而被當成「在直觀上或證明上確定的」。它們包括幾何、代數和算術等科學。對此休謨談及甚少，他自己的興趣在於我們對事實的信念。因此他在《人類理解研究》中將所列的關係減為三種，「即相似關係、時空中的鄰近關係和因果關係」(E 24)。前兩種關係只不過是聯想的原理，重要的關係是因果關

係。根據休謨的說法，一切涉及事實的推理似乎都依賴於因果關係。

接下來，休謨着手探究的正是這種關係。但必須指出，當他在自然哲學領域中探究這一關係時，他認為因果關係不適用於轉瞬即逝的印象之間，而是適用於持久的對象之間。他舉的例子表明了這一點。事實上，只有以這種方式來看，他對因果性的分析才顯得可信。同樣，在討論道德哲學時，他也依賴於持久自我的存在。因此，我們必須先來說明休謨如何在沒有顯示出明顯不一致的情況下得出了這些構想。

第三章
物體與自我

　　無論休謨宣稱什麼樣的懷疑論，他無疑相信那種常識意義上的物體的存在。即使我們假定他在撰寫《英國史》和政治隨筆時將他的哲學自我拋諸腦後(他實際上並未這樣做)，並且真如他所說，在與朋友們愉快地玩十五子棋時的確忘記了他的哲學自我，他的哲學著作中也有充分證據表明他的確有這種信念。他對那些被他列為「派生印象」的激情和情感顯示出了興趣，因為它們在其道德哲學中起着某種作用，但無論是在《人性論》的第一卷，還是在《人類理解研究》中，他都沒有非常重視原初的感覺印象。對於它們，他作了一些一般性評論，正如我們看到的，他提到了它們作用於心靈的力量和生動性，也提到它們是「內在的、易逝的存在」，但在細節上卻幾乎沒有說什麼。當他舉出事實的例子時，他提到的不是顏色和形狀，而是凱撒在羅馬元老院之死，是水銀和黃金的屬性，是人體的肌肉和神經，是太陽和行星，是花草樹木，是枱球的相互撞擊。我們將會看到，休謨對因果關係的分析所依靠的正是這種對象的恒常連接。倘若

他真的相信除印象之外沒有其他任何東西，那麼他必定會把理論應用於印象，而這樣做毫無用處，因為我們的實際印象並沒有顯示出所需的規律性。舉一個簡單的例子，雖然春天種的玫瑰通常會在夏天開花，但這並不是說看到種玫瑰的印象之後通常會跟着看到它開花的印象。看花的人也許後來不在那裏了，即使還在那裏，他的注意力也可能轉到了其他事情上。

姑且假定休謨相信(出於他本人的哲學目的，他也需要相信)物體的存在。事實上，在《人性論》題為「論對感官的懷疑態度」一節(這一節是人們把「外在世界理論」歸於休謨的主要證據)的開頭，他令人困惑地說：「我們也許會問，是什麼原因促使我們相信物體的存在？但問是否有物體存在卻是徒勞的。我們在一切推理中都必須把這一點視為理所當然。」(T 187)即便如此，仍然有一些問題需要解答。我們已經看到，被休謨視為理所當然地存在的物體是像房屋、書籍、樹木以及動物和人的軀體及其內臟器官這樣的東西。他是如何構想它們的呢？是像洛克一樣視之為感覺印象的外在原因？抑或像貝克萊一樣視之為可感性質的聚集？還是按照他自己的某種方式來構想？關於我們如何漸漸相信有物體存在這個因果問題，他給出了回答，但他說問是否有物體存在是徒勞的又是什麼意思呢？對這一陳述最明顯的解釋是，我們關於物體存在的信念無疑是真的。但休謨對這一信念的原因進

行研究的最終結論卻是，無論是以通俗形式還是以他所謂的「哲學」形式來思考，它都不僅不是真的，而且是完全混亂的。誠然，他並不指望這個結論能有什麼持久的可信性。他說：「只有粗心和不在意才能給我們補救。為此我完全依靠它們。而且無論讀者此時有什麼看法，我都理所當然地假定他在一個小時之後將會相信既有外在世界，也有內在世界。」(T 218)我們是否應當認為這段話確證了肯普·史密斯的觀點，即休謨試圖讓我們的「自然信念」戰勝我們的理解力？但這些自然信念究竟是什麼呢？

這一論據再次是相矛盾的。休謨有一些段落似乎暗示，在談到「外在」對象時，他以洛克的方式將其設想成我們「內在而易逝的」感覺印象的相對持久的原因。例如，我們已經看到，在《〈人性論〉摘要》中定義印象時，他談到我們擁有感官傳達給我們的對外在對象的意象。又如在《人性論》「論激情」一卷的開頭，他在區分原初印象和派生印象時把原初印象稱為「沒有任何先前的知覺，而由身體的構成、由靈魂精氣或由對象接觸外部器官而在靈魂中產生的那些印象」(T 276)。在《人性論》第一卷討論時間和空間觀念的一章中，他說：「我們只有憑藉呈現於感官的外在性質才能認識物體」(T 64)，而附錄對這一章所作的一個注釋也表明，物體具有超出我們認識的其他性質；在這個注釋中，他談到物體位置(可能允許真空，

也可能不允許真空)的真實本性是未知的(T 639)。他認為「牛頓哲學」(他基本上不去進行質疑)蘊含了這一點。然而，他在某一次考察其基礎時卻非常堅決地駁斥了它；他還暗示，即使是讀者的粗心和不在意也不能使他接受這一點。

和往常一樣，《人類理解研究》更為優雅和清晰地概括了一種立場，《人性論》則為此立場提出了論證。從這裏我們得知：

> 似乎很顯然，人類憑藉一種自然本能或偏見將信賴寄托於他們的感官；我們不經任何推理，甚至在運用理性之前，就總是假定有一個外在的宇宙不依賴於我們的知覺而存在着，即使我們和一切有感覺的造物都不在場或被消滅了。(E 151)

接着，休謨甚至把這種信念歸於「動物的創造」，然後他又說：

> 同樣似乎很顯然，人們在追隨這種盲目而強大的自然本能時，總是假定感官所呈現的那些意象正是外界物體，他們從來想不到，一個只不過是另一個的表象罷了。這張桌子，我們看到是白的，感覺是硬的，相信它獨立於我們的知覺而存在，是某種外在於感知它的心靈而存在的東西。我們

的在場不能賦予它以存在，我們的不在也不能消滅它。它把它的存在保持得齊一而完整，無論感知它或思維它的智能生命位於何處。(E 151–152)

不幸的是，在休謨看來，「所有人的這種普遍而根本的信念」經不起批判的考察。它屈從於「最脆弱的哲學」，其結果是，「任何人只要進行反思，都不會懷疑，當我們說『這個房屋』和『那棵樹』時，我們所思考的存在僅僅是心靈中的知覺，是保持齊一和獨立的其他事物在心靈中引起的短暫的摹本或表象」(E 152)。如果我們有充分的理由相信這些獨立對象的存在，那麼這一切都沒有什麼問題，但他卻堅稱我們沒有這樣的理由。他認為，那種關於我們的知覺與外在對象聯繫在一起的假定顯然並非基於經驗，「在推理中也沒有任何基礎」(E 153)。這就使持懷疑態度的人控制了局面。休謨對這一結果並不滿意，但也沒有尋找反駁它的方法，比如尋找論證中的漏洞。他只是對它不予理會罷了。為了反抗持極端懷疑態度的人，我們可以問，他認為他的活動服務於什麼目的。他「不能指望他的哲學會對心靈有任何恒常的影響；即使有，他也不能指望那種影響會有益於社會」(E 160)。恰恰相反，這種影響將非常有害，因為它所導致的不作為將會終止人的存在。但「自然的強大超出了任何原理」。這個持懷疑態度的人將不得不承認，

「他的所有反駁只不過是娛樂，只能顯示不得不進行行動、推理和相信的人類的古怪狀況」(E 160)。這一類評論的確支持了肯普·史密斯的理論，即休謨關注的是表明理性應當讓位於我們的自然信念，但我並不認為這些評論能夠決定性地確立史密斯的理論。如果這的確是休謨的意圖，我認為他不會以一個懷疑論的評論來結束這一節，強調我們無法為作為我們行為基礎的假設作辯護，或者消除可能對這些假設提出的異議。他也沒有明確斷言我們的自然信念為真。

然而在一個重要的觀點上，我同意肯普·史密斯的看法。我也認為，從休謨推理思路中可以引出一種不會歸於懷疑論的知覺理論。這意味着我們將在一兩個地方與休謨發生分歧，但這些分歧還不至於大到無法達成和解的地步。它們大都是對其論點的重新評價而非拒斥。我將試圖表明我認為應當如何做到這一點，但我想先來追溯《人性論》相關章節實際遵循的思路，其中對我們現在的目的來説最重要的是「論對感官的懷疑態度」這一節。

在這一節，休謨着手回答的主要問題是：「為什麼即使對象不呈現於感官，我們也會賦予對象以一種持續的存在性？我們為什麼假設對象有一種迥異於心靈和知覺的存在性？」(T 180)他認為這兩個問題是相互依賴的，因為只要能夠回答其中一個問題，另一個問題也就迎刃而解。休謨正確地認為，如果對象的確

有一種他所定義的持續存在性，它們也將有一種迥異的存在性，但反過來並不必然成立。情況有可能是(而且的確被羅素在《哲學問題》中以及在其他地方主張過)，直接呈現於感官的對象迥異於心靈，但只有短暫的存在性，因為它們在因果上依賴於感知者的身體狀況。

在這一點上我同意休謨的看法，但有一個重要的保留。正如我們已經指出的那樣，休謨雖然主要依靠經驗論證，包括對原因因素的提及，但他也顯示了某種傾向，要使下面這一點成為邏輯真理，即感覺印象與它們在其中發生的知覺狀態是不可分的。我曾指出，經驗論證並不是決定性的，雖然正如我們將會看到的，它們的確阻礙了目前對里德等人觀點的平靜接受；我曾提出，休謨本應滿足於堅持他的邏輯原則。我的保留是，這並不足以使他從一開始就把印象定義為依賴於心靈。事實上，這樣一種定義與我們要考察的休謨本人的觀點是不一致的，其觀點是，自我只不過是一束在邏輯上獨立的知覺罷了，由此他推出，知覺可以離開其他任何東西而存在。但這並不是我想強調的重點，因為休謨並未堅稱任何知覺都是這樣的。毋寧說我的觀點是，如果把印象當成知識次序中原始的東西，那麼印象最初就既不會依靠心靈，也不會依靠身體。在這一階段，心靈和身體都沒有被牽連進去。

但休謨有權把印象看成原始的嗎？我認為他有，這有以下兩個原因。首先，一個人接受任何關於休謨

所謂事實的命題的理由最終顯然必須依靠某個知覺判斷的真實性。第二，很容易表明，我們通常的知覺判斷所斷言的要比作為其源頭的感覺經驗所承諾的更多。雖然一個人在做出像「這是一個煙灰缸」「那是一支鉛筆」這樣的簡單知覺判斷時，他通常意識不到自己在作任何推理，但在某種意義上，它們的確包含着推理。但那樣一來，這些推理必須有某種基礎。用羅素的術語來說，必須有「確鑿的材料」作為這些推理的基礎。休謨的印象正是這種確鑿的材料，只不過叫了另一個名字而已。

這個論證中第二步也遭到了質疑，但要看出它是有效的，只需回想一下我們日常的知覺判斷所載有的非常廣的假設。首先，把某種東西刻畫成一個可觀察的物體要涉及種種假設。它必須能被不止一種感官和任何健全的觀察者所感知，必須能在不被知覺的情況下存在，還必須在三維空間中佔據一個或一系列位置，持續一段時間。通常，我們也不會只對這些一般的假設表態。我們很少會滿足於做出非常無力的聲明，比如自己正在感知某一類物體。在正常情況下，我們會更明確地把它確認為一個煙灰缸、一支鉛筆、一張桌子或其他什麼東西，從而承諾了一套更進一步的假設。當我們宣稱感知到某個活物時，這些假設也許會與此對象的起源或物理結構有關。在涉及鉛筆這樣的人工物時，我們做出一個關於其因果能力的假

設。我們對一個聲稱看到或觸摸到的對象的描述往往蘊含着它對其他感官可能產生的影響，蘊含着我們賦予它以能力而產生的聲音、味道或氣味。

但現在已經很明顯，這整個理論不可能從任何單一的感覺經驗場合中抽取出來。我看到了我毫不猶豫地認出是我面前桌上的一盞臺燈的東西，但視覺樣式本身之中沒有任何東西可以從中推出：此對象是可觸的；如果有任何其他觀察者在場，那麼他也會看到它；即使處於同一位置，它也可能一直不被感知；它部分是銅制的；在其陰影處有一個燈泡插座；此燈泡可以作為光源；等等。就這盞燈而言，呈現於我的感官的只是一種視覺樣式，其他一切都是推論。這並不意味着當我說我看到了這盞燈時我的說法是錯誤的，甚至是我誤用了「看到」這個動詞。在這裏，我默默做出的假設無疑都是真的，在使用知覺動詞時，被當作其賓格的通常並不是我所說的「確鑿材料」，即相關感覺經驗的實際內容，而是「確鑿材料」充當其感覺線索的物體對象。但忽視「確鑿材料」並非取消它們，推論也不會因為未被承認而被除去。當代哲學家都滿足於把對物體的知覺當作自己的出發點，這未必是錯的，因為沒有人必須對知覺進行分析。只有當他們堅稱或暗示這種分析不可能時才會陷入錯誤。

對休謨出發點的標準反駁是，它把主體限制在一個該主體永遠無法逃脫的私人世界中。這種反駁若是

有效，將會非常嚴重，但它並不是有效的。關於感覺樣式的描述，沒有任何東西是私人的。任何有必要經驗的人都會理解這樣的描述。誠然，感覺樣式是因為在特定時間出現在特定感覺場域而變得具體的，這個感覺場域實際上只包括在一個人的經驗中。同樣，一個人在特定時間對於某個物體的感知只是他自己的，而不是其他任何人的。關鍵是，在印象的定義中並沒有提到印象的物主身份。作為原始要素，除了內在特性，它們在各方面都是中性的。我們能否找到一條可行的道路從它們通向物體，能否找到途徑區分這些物體與我們對它們的知覺，這仍然是懸而未決的問題。我們也許會在這樣或那樣的情形下遇到無法克服的障礙，但這肯定不是一開始就可以預先判斷的。

休謨很早就遇到了這些障礙。我們已經看到，他很肯定地認為，「幾乎所有人，甚至是哲學家自己，在其一生的大部分時間裏，都把他們的知覺當成他們僅有的對象，並假定親密地呈現於心靈的存在本身就是實際物體或物質存在」(T 206)。但他們必定弄錯了，因為休謨在這裏所說的實際物體的典型特徵就是有一種持續而迥異的存在性，而知覺則是「依賴的和易逝的」。因此，他們假定同一個對象既可以又不可以在時間中持續，這是矛盾的。

在考察休謨對我們如何陷入這一錯誤所作的解釋之前，需要指出的是，根據休謨的看法，這種矛盾不

像它初看起來那麼明顯。我們已經看到，他把同一性包含在他所列舉的哲學關係中，但同一性現在卻成了一種任何知覺都無法滿足的關係。這個結論源於休謨對我們如何產生同一性觀念這個問題的處理。他指出，同一性不能由一個對象所傳達，因為「如果『對象』一詞所表達的觀念與『它自身』的意思無法區分」，那麼「對象與它自身同一」這個命題就是無意義的(T 200)。單個對象所傳達的觀念不是同一性觀念，而是單一性觀念。但如果單個對象無法傳達同一性觀念，那麼多個不同對象就更無法傳達了。那麼，同一性觀念從何而來呢？它可能是什麼東西呢？

休謨對這些問題的回答是，同一性觀念源於我們在思考時間時自然犯下的錯誤。他曾經指出，「時間在嚴格意義上蘊含着相繼，當我們把它的觀念應用於任何不變的對象時，只有通過想像力的虛構，不變的對象據信才參與了共存的對象，特別是我們知覺對象的變化」(T 200–201)。然而，我們深深地沉迷於想像力的這種把戲，從而使對象的觀念就好像在單一性和數目之間保持平穩。因此當我們把同一性歸於一個對象時，我們的意思必定是「在一個時間存在的對象與在另一個時間存在的它自身是相同的」(T 201)。只要它們出現在恒常變化的情況下，那麼至少對我們的某些知覺來說，如果它們持續不發生變化，這就可能是正確的。麻煩在於它們並非如此。

那麼我們如何漸漸認為它們是如此的呢？休謨自己的解釋如下：

我們賦予持續存在性的一切對象都有一種特殊的恒常性，使之區別於其存在依靠我們知覺的印象。我現在眼中看到的那些山脈、房屋和樹木總是以同一秩序呈現給我；當我閉目或回頭看不到它們時，我很快又發現它們毫無改變地回到我面前。我的床和桌子、書和紙張，以同樣均一的方式呈現出來，並不因為我看到它們或感知它們而有任何中斷。凡其對象據說擁有一種外在存在性的一切印象都是如此；其他對象則不是這樣，無論它們是溫和的還是強烈的，有意的還是無意的。(T 194–195)

這等於說，相繼的印象之間的極度相似性，以及同樣重要的，它們與展示同一內在相似性的序列成員處於似乎恒定的空間關係，使我們把它們看成彼此相同的，並且忽略了它們之間實際出現的中斷。結果在我們的想像中，它們被一個持續存在的事物所取代，休謨不加區別地將這個事物稱為一個對象或知覺，我們認為這個對象或知覺即使不被感知也仍然存在。正如我們已經看到的，由於休謨顯示出某種傾向要使印象是內在的和易逝的成為一個邏輯真理，所以當我們發現他說「假定可感對象或知覺的持續存在並沒有包

含矛盾」(T 208)時就會感到有些驚奇。他的理由不僅是「一切知覺彼此之間都可以相互區別，可以看成分別存在着」，從而「將任何特殊的知覺與心靈相分離並無任何荒謬」(T 209)。他還承認，「那個持續而不間斷的存在就可以有時呈現於心靈，有時又不在心靈，但這個存在本身卻沒有任何實際的或本質的變化」(T 207)。雖然我現在要試圖表明，休謨無須以這種特殊方式做出讓步，但我認為這一讓步是真誠的，而不只是對我們想像力所及進行描述。休謨可以獲得這種讓步帶給他的東西，同時使否認任何實際印象有持續的存在性成為一個邏輯問題而不是經驗事實。事實上，休謨認為任何知覺在不被感知的情況下繼續存在是完全錯誤的，因此認為中斷了的知覺是同一的也是錯誤的。他得出這一結論的理由在於他接受了那種出自幻覺的可疑論證。他正確地推論說，如果知覺有一種持續的存在性，那麼知覺也會有一種迥異的存在性，但他又說，經驗表明它們不具有迥異的存在性。對於感官來說，運動和堅硬、顏色和聲音、冷和熱、痛苦和快樂等等都有同等的地位，它們都「只是由身體各部分的特殊結構和運動所產生的知覺罷了」(T 192–193)。

休謨認為恒常性現象的首要作用在於促使想像力把印象轉變成持久的對象，但他認為恒常性現象本身並不足夠。恒常性現象在運作時，還要得到他所謂的

融貫性的幫助，為此他舉了兩個例子。第一個例子是，他離開屋子一小時後又回到屋裏時，發現爐火比他離開時小一些。由於他經常目睹爐火漸熄的過程，他的想像力填補了這一間隙。第二個例子更為複雜，說的是門房給他送來一封他的朋友從幾百公里以外寄來的信。他聽到開門的聲音而並未親眼看到，也沒有看到門房在上樓，更沒有看到郵遞員和郵船的活動，但憑藉着過去的經驗，他將門的嘎吱作響與看到門開聯繫在一起，並且知道門房不上樓就到不了他的房間；經驗告訴他，不通過可以看到的運送方法，就不可能把信件從很遠的地方送來。就這樣，他的想像力再次填補了間隙。但應當指出，在這個例子中，想像力所承擔的工作遠比前一個例子要多。這裏已不再是想像力為以前相似的序列成員提供失去的對應物的問題了。很可能並沒有這樣的序列；例如，休謨不大可能實際看到一封信從幾百公里以外運送到這裏。在這個例子中，他的想像力不僅擴展了恒常性原則，以便為自己提供足夠多的日常對象，而且正如休謨自己所承認的，想像力還強加了比過去經驗中實際發生的更大程度的融貫性。使這種程序變得正當的乃是其解釋力。

即使如此，休謨仍然堅持認為我們的想像力在欺騙我們。事實上，我們的知覺對象並沒有一種持續而迥異的存在性。哲學家們試圖通過區分知覺和對象來克服這個困難，允許知覺是「間斷的和易逝的」，而

賦予對象一種「持續的存在性和同一性」。但這種「新體系」乃是一種欺騙。「它包含了通俗體系的一切困難，也含有自身特有的其他一些困難。」(T 211) 首先，它將它對想像力的訴諸完全歸於通俗體系。「如果我們完全確信我們的類似知覺是持續的、同一的和獨立的，我們就永遠不會陷入這種關於雙重存在的觀點」(T 215)，因為那樣一來它將沒有用處。如果我們完全確信我們的知覺是依賴的、中斷的，我們也不會接受雙重存在的觀點，因為那樣一來，我們對某種持續存在之物的尋求便會缺乏動力。正是由於我們的心靈在兩個相反的假設當中遊移不定，才導致哲學家同時接受它們而又試圖掩蓋其矛盾。其次，這一假說得不到理性的支持，因為我們把我們的知覺與根據假說永遠經驗不到的對象關聯起來並無理性根據。陷入此騙局的哲學家實際在發明另一套知覺，並賦予它持續而迥異的存在性。而如果他們的理性容許，他們會把這種存在性歸於我們的實際知覺。簡而言之，這個哲學體系「充滿了這種荒謬性，它既否認又確立了那個通俗的假定」(T 218)。

我想指出，休謨並沒有公平對待這個哲學體系。這個哲學體系本身是站不住腳的，但它的確指出了一種解決休謨困難的方法。不過，他對這一體系的洛克版本的攻擊卻是正當的，後者大概是其實際靶子。無論我們最後在事物的本來面目與事物向我們呈現的之

間做出怎樣的區分，它都不能正當地採用一種多重「世界」形式。物體並非僅僅作為一個人感知到的東西的無法覺察的原因而被牽連進去的，如果物體能夠如此被牽連進去，那麼認為物體與其可知覺的效果具有相似性將是沒有根據的。

那麼，我們是如何獲得一種有根據的信念，相信擁有我們通常認為的那些可知覺特性的物體是存在的呢？我認為休謨本人給出了最好的回答。他援引恒常性和融貫性現象來解釋我們如何陷入幻覺，以為我們的知覺有一種持續而迥異的存在性。可以認為，恒常性和融貫性現象為想像力把感覺印象(或如羅素所說的知覺對象，我也傾向於這樣稱呼它)轉變成常識物理世界的組成部分提供了恰當的基礎。休謨所犯的嚴重錯誤僅僅是，他以為由此得到的對象是虛構的。存在的東西在一定程度上依賴於我們的理論允許存在的東西；根據休謨的原則，可由知覺對象發展出來的理論包含着可接受的存在性標準。因此，沒有理由否認滿足這些標準的對象的確實際存在。

據我所知，哲學家普賴斯(H. H. Price)第一次認真嘗試通過發展休謨的恒常性和融貫性概念而使對物體的通俗信念正當化，他的《休謨的外在世界理論》一書出版於1940年。這是一部極為透徹和別出心裁的著作，但尚未引起應有的重視。普賴斯從羅素那裏借用了「可感物」(sensibilia)一詞來指那些也許未被實

際感覺到的印象，並且令人信服地詳細表明了，在我們認為源於同一物體的各種印象系列中的不同位置出現的空隙如何可能支持這樣一種構想，即用未被感覺的可感物來填補這些空隙。普賴斯並不認為休謨會賦予「這些未被感覺的可感物實際存在着」這一陳述以任何意義，但他的確認為，休謨可以一致地採用這樣一種理論，即當我們提到某個物體時，我們是在斷言如果有恰當的可感物存在着，我們的實際印象就會如其所是；也可以採用一種更為實用的理論，即關於物體的陳述雖然沒有真值，卻可以被視為解釋和預見實際印象出現的較為成功的方法。儘管普賴斯的建議更加忠實於休謨，但我認為一種更加實在論的理論要比這兩種可選方案更可取。我對普賴斯論點的主要反駁是，它把物體描述成他所謂的可感物「家族」，這些家族的各個成員具有互相衝突的屬性，在特定時間佔據着或者好像佔據着特定的位置。普賴斯試圖通過把各種性質相對化為不同觀點來避免這個矛盾，從而使從一種觀點來看是橢圓的可感物在時空上符合從另一種觀點來看是圓形的可感物或實際印象，但這種策略希望渺茫，甚至缺乏融貫性。

我認為，如果利用視覺和觸覺印象出現在有空間擴展和時間重疊的感覺場之中這個事實，我們就會得出一種更為現實也更簡單的理論。換句話説，我們的確鑿材料不僅包括個體化的樣式，也包括它們彼此之

間的時空關係。這是我們經驗的一個特徵，而休謨卻出人意料地幾乎沒怎麼注意到這一點。事實上，在組成《人性論》第一卷第二部分的六節中，休謨的確用五節來討論時間與空間的話題，但它們主要涉及概念上的困難，倘若他願意把幾何學交給數學家，並且堅持他將在《人類理解研究》中做出的「觀念的關係」與「事實」之間的截然區分，那麼他把這些困難留給數學家去解決也許會更好。實際上，休謨堅持從感覺印象中過份簡單地導出數學概念，因此不得不否認「無限可分」的概念。他指出，對任何有限廣延的觀念乃至印象都必定是複合的，由有限數目的數學點的並置所組成。這些點是具體對象，根據易受視覺或觸覺的影響而要麼有顏色要麼可觸摸。它們是「最小可感物」，這並非因為它們是我們所能感覺的最小對象(因為更強大的顯微鏡的發明也許會表明，我們曾經以為簡單的印象實際上是複合的)，而是因為它們沒有部分。由此休謨推出，每一個視覺或觸覺的感覺場都是一個充實體，因為我們不可能有兩個印象之間的空間間隔的觀念，除非把它們設想成由這些有顏色、可觸摸、不可分的點複合而成的某種東西。對空間為真的東西也適用於時間，每一種情況下都用相同的詞項，並以直接相繼來代替時間上的鄰接。在其他明顯的困難中，休謨的理論顯然與芝諾悖論(Zeno's paradoxes)相衝突，但數學連續性理論直到19世紀才正確發展起

來，休謨的麻煩部分源於他無法理解無限多個部分如何可能組成某個比無限整體更少的東西。即便如此，休謨願意賦予感覺的唯一時空關係就是鄰近關係，這很奇怪，因為這給我們的感覺經驗上強加了一個它根本不服從的限制。

那種實際上刻畫我們大多數感覺經驗，特別是我們的視覺場序列的時空連續性支持把時空關係投射到其最初界限之外。這樣一來，相繼的感覺場就可以漸漸被視為空間上相鄰的。於是，休謨在恒常性和融貫性的標題下所概括的事實，即相似的印象在相似的感覺環境中出現，如休謨所說，會使觀察者自然採用一種新的同一性標準，根據這個標準，這些相應的印象不僅是相似的，而且是同一的。在這一點上，我們與休謨的唯一分歧是，他說觀察者並非採用了一種新的同一性標準，而是犯了一個事實錯誤。印象可以被系統地「恢復」，這個事實如何導致它們被視為持續存在的未被感覺的東西，休謨對這個過程作了說明。同樣，我認為不應把休謨的這種說明看成對另一個錯誤的解釋，而應看成擴展同一性概念的根據。相繼出現的視覺印象應當被視為同時存在的，並且在一個無限擴展的三維視覺空間中佔據着永久的位置，根據這種觀點，這乃是想像力的一種完全正當的操作。

然而在這一點上，我們需要稍稍超越休謨一些。被我們指定給同一對象的實際印象並非如休謨錯誤指

出的那樣是完全相似的。即使迄今為止我們不允許對象發生變化，觀察者的狀態或位置的變化也會導致變動。因此，我們所設想的持續存在的東西並非任何實際印象，而是我在別處(見《哲學的中心問題》)所謂的「標準化的知覺對象」。這是對普賴斯所謂中心感覺物(即可以從最佳視點獲得的東西)的一種綜合。它充當著一個實際印象能與之多多少少密切符合的模型。這些標準化的知覺對象也可以被稱為視覺持續物。當那種模式在各種情況下似乎在一個或多個方面發生變化，而其餘方面則在一個基本恆常的感覺環境中保持不變時，可以認為這些標準化的知覺對象發生了質變。

這裏我只能概述一下理論現在被認為相繼經歷的階段。首先，位置被認為與其佔據者相脫離，這顧及了運動的可能性。然後，出於各種理由，一組視覺持續物被挑選出來，形成了我們所謂的「中心身體」，這個詞是從偉大的美國實用主義者皮爾士(C. S. Peirce)那裏借來的。當然，這是觀察者自己的身體，雖然它本身尚未得到刻畫。觸覺空間的構造大致基於與視覺空間相同的原則，人們發現了把觸覺性質歸於視覺持續物的理由。聲音、氣味和味道因為可以追溯到其明顯的來源而進入視野。觀察者開始作一些簡單的因果聯繫，這給他提供了事物如何存在的概況。他的印象大都與這種概況相符，但有些印象則不然。隨著把其他視覺——觸覺持續物確認為與中心身體相似，認為

它們都是標記的來源，自我意識便產生了。可以認為這其中大多數標記都確證了觀察者的主要經驗，但同樣，有些標記則不能。這就是公眾與私人之間區分的來源。在最後一個階段，請允許我引用我自己的解釋：這些視覺——觸覺持續物

擺脫了它們的繫留處。它們不被感知時存在的可能性被擴展到這樣一個地步，以至於它們被感知對於其存在性而言是不必要的，甚至不必有任何觀察者來感知它們。由於理論還要求這些對象不改變其可知覺的性質，除非是作為其自身某種物理變化的結果，所以它們漸漸與不同觀察者對它們起伏不定的印象形成了對比。這樣一來，對象就從實際的知覺對象中分離和抽象出來，甚至被視為知覺對象的起因。

在發展這種關於顯明對象的理論時，我認為我已經成功地調和了休謨的通俗體系與哲學體系，但要想把這個結果與當代哲學體系即當代物理學對物理世界的說明相調和，卻仍然有問題。這個問題有許多分支，這裏我無法深入討論。簡要地說，公共空間觀念所需的可知覺的「構造物」似乎被歸入了私人領域，它們的位置被無法知覺的粒子所佔據。空間關係能否以這種方式合法地脫離其原始關係，這仍然是一個有

爭議的問題，但我認為未必不能。正如休謨所說，在任何情況下，我們都必須避免這樣一個體系，該體系把物體原封不動地置於我們的感官所無法企及的一個複製的空間之中。如果我們承認物理學還可以主張真理的話，我們對它的解釋就必須是可理解的。

在我強塞給休謨的關於外在世界的理論中，人格同一性從屬於物體的持續性。這並非休謨本人的觀點，但與休謨的原則並無根本衝突。恰恰相反，在《人性論》討論這一主題的章節中，休謨聲稱「曾經極為成功地解釋了植物、動物、船和房屋以及一切複合、可變的人工物或自然物的同一性的那種推理方法顯然必須沿用」(T 259)。區別僅僅在於休謨將人格同一性等同於心靈的同一性，而且在定義同一性時沒有涉及身體。我說休謨給同一性下定義，是考慮到他說，「我們歸於人類心靈的那種同一性只是一種虛構的同一性」，和我們對同一性的其他歸屬一樣，這種同一性源於「想像力的運作」(T 259)。不過，對我影響更大的是，人的確有一種真正的自我觀念，他不會前後矛盾到要使這種觀念擺脫對印象的一切依賴，這對休謨關於激情的解釋以及他的道德理論至關重要。因此我認為他把我們心靈的同一性稱為「虛構的」意思是，它並非他所謂的「真正的」同一性，即單個不變對象的同一性，而是一種可以分解為知覺之間關係

的同一性。就可知覺物體的情形而言，這裏並不更多地意味着這些關係不能實際獲得。

事實上，在把同情當成愛名譽的一個因素而加以詳述的「論情感」一卷的一段話中，休謨的確說我們有一種對我們自己的印象。他說：「自我的觀念，或者毋寧說是對自我的印象，顯然永遠親密地伴隨着我們，我們的意識給我們一種如此生動的關於我們自己人格的觀念，以至於無法想像任何事物能在這方面超越它。」(T 317)如果這並非疏忽，那麼這個印象一定是一種指向自我觀念的反思，因為休謨在其他地方總是堅稱，由於沒有印象是恒定不變的，所以人並沒有一個對自我的印象。在《人性論》第一卷的一段常被引用的話中，休謨闡述了這種觀點。他說：「當我非常親密地體會我所謂的我自己時，我總是意外地發現某種特殊的知覺，比如冷或熱、明或暗、愛或恨、痛苦或快樂等。在任何時候我都無法把握一個沒有知覺的自我，除了知覺我也觀察不到任何東西。」他作了顯著的讓步，說其他人「也許可以覺察到某種簡單而持續的東西，他稱之為他自己」，但他的以下斷言又使之變得具有諷刺性：「撇開一些這類形而上學家不談，我可以大膽地向其他人說，它們只不過是一束或一堆不同知覺罷了，這些知覺極為迅速地彼此相繼，永遠處於流動和運動之中。」(T 252)休謨願意為其餘的人說話，表明他的命題只不過是偽裝成了一種經驗

概括。毋寧説，休謨構想不出任何東西能被他算作純粹自我意識。

那麼，使一束知覺組成一個自我所憑藉的關係是什麼呢？除了相當粗略地提到相似性和因果關係，並且指出「通過向我們表明我們不同知覺之間的因果關係，記憶與其説產生了人格同一性，不如説發現了人格同一性」(T 262)以外，休謨幾乎沒有嘗試給出回答。在《人性論》的一個附錄裏，他承認自己找不到答案，事實上，他認為整個人格同一性問題是他無法解決的。他支持在其論證中採取否定步驟，即正如「我們沒有迥異於特殊性質觀念的外在實體的觀念」，我們也沒有「迥異於特殊知覺」的心靈的觀念。此結論得到了一個明顯事實的支持，即「當我轉而反思我自己時，我永遠知覺不到沒有一個或多個知覺的自我；除了知覺，我什麼也知覺不到」。因此，「形成自我的」乃是知覺的組合，「一切知覺都是迥異的」，「凡迥異的都是可區分的，凡可區分的都可以通過思想或想像來分離」，由此得出結論：知覺「可以被設想成分別存在着，它們可以分別存在而不導致任何矛盾或荒謬」(T 634–635)。但在這樣「放鬆了」我們的知覺之後，他找不到辦法把它們結合在一起。他説有兩條原則他不能「使之變得一致」，儘管他相信這兩條原則都是真的。它們分別是：「我們所有迥異的知覺都是迥異的存在」，「心靈在迥異的存

在之間覺察不到任何實際關聯」(T 636)。

這一陳述令人困惑。顯然，這些原則彼此之間並非不一致。休謨可能想說，它們整體上與「知覺可以如此『組成』以形成自我」這個命題不一致。但即使是這一點也不是顯然的。這依賴於我們如何理解「實際關聯」。如果它指的是一種邏輯關聯，那麼邏輯上無法解釋知覺為什麼不能是迥異的存在，因為我們可以一致地設想知覺的分離，但事實上知覺彼此之間的經驗關係足以構成一個自我。這正是威廉·詹姆斯(William James)的思路，他在其主要著作《心理學原理》一書中提出了一種休謨式的自我理論，該書自1890年出版以來一直是一部經典著作。這種理論依賴於詹姆斯所理解的可感並存與可感持續之間的經驗關係。

對於任何這類理論，除了可能被指為循環論證，最嚴肅的反駁是，我們並非持續處於清醒狀態。因此，我們需要某種方式將處於比如無夢的睡眠兩端的知覺連接起來。然而除了它們與同一個身體的共同關係(這種關係的本性本身就是問題)，至少沒有明顯的候選者適合扮演這個角色。只滿足於說它們屬於同一個心靈，如果這僅僅是說它們碰巧處於我們正在尋找的無論什麼關係，那是無益的；如果是求助於背後的同一個心靈主體，那也是不可理解的。正如休謨在《〈人性論〉摘要》中所簡述的：「心靈並非知覺內在於其中的實體。」(T 658)

這也不是唯一的困難。很奇怪，休謨的懷疑態度未曾注意一點，即我們把同一性歸於並非自己的其他人，而且這種歸屬依賴於對他們身體的確認。這並不是說就好像有一個共同的知覺倉庫，我們可將其分成所需要的一束束知覺，然後每一束知覺又照亮了構成他自己的特殊的那一束。

我們並不是像意識到自己的經驗那樣意識到他人的經驗。這並不妨礙我們把一種心理學上的同一性標準應用於他人，甚至可以讓它壓倒物理標準。我們可以合理地設想各種情形，說兩個或更多的人同時佔據同一個身體，或者(如果這在物理上是可能的)也許由於大腦移植，同一個人在不同時間裏佔據着不同的身體。即便如此，在所涉及的人之外的其他人看來，首先要確認的仍然是身體。自我意識意味着將自己區別於其他有意識的存在——如果我的這種想法是正確的，那麼在某種意義上，身體的持續性仍是佔主導地位的因素。

這與身體本身由知覺對象所「構成」的觀點並不矛盾。毋寧說，它出色地例證了我們的印象所產生的理論如何根據休謨的原則「接管」了它的起源。印象作為一個觀察者的狀態被重新解釋進了理論；人格出現在這個與我們對存在的評價相關聯的理論所允許存在的物體當中。

第四章
原因與結果

在休謨的哲學中，影響最大、最持久的要素莫過於他的因果性理論。這個理論經常受到攻擊，也經常遭到誤解。我們不應把所有誤解都歸於批評者的惡意。拉姆齊(F. P. Ramsey)在《數學基礎》結尾處的一篇論文中所提出的理論與休謨的理論基本相同。雖然我同意拉姆齊的看法，認為「從讀者們做出的刻板解釋來看，休謨高估了他們的智力」，但在某種程度上，誤解是休謨自己導致的。我將會指出，雖然休謨在許多細節上容易遭受攻擊，部分是因為他錯誤地堅持追溯觀念的根源，部分是因為他傾向於過份簡化事實，但他的基本信條不僅無法回應，而且完全值得信任。

首先要明確的一點是，休謨在談到「原因與結果的關係」時，是在比現在更寬泛和更鬆散的意義上來使用術語的。我們已經習慣於區分因果定律和函數定律，區分因果定律和統計定律，或者區分有直接因果關聯的事件和作為共同原因之結果的事件或者都從某個主導理論中導出的事件，而休謨的用法卻把事實之間的任何似律(lawlike)關聯都稱為因果關聯。誠然，當

休謨把或然性置於一個由知識(被定義為「由觀念的比較而得到的保證」)佔據首要位置、「證明」(此時因果論證的結果被接受，沒有任何伴隨着或然性的不確定性)佔據第二位置的證據天平上時(T 124)，他進而區分了基於偶然的或然性和從原因中產生的或然性，但這裏並沒有什麼不一致，因為休謨堅稱，「偶然之中必定總是混雜着一些原因，以成為任何推理的基礎」(T 126)。除了把統計定律作為基於原因的或然性，他沒有為統計定律留出任何餘地，這正好確證了我一直主張的觀點。事實上，我們可以批評休謨的用法忽視了重要的區分，甚至對或然性作了一種不能令人滿意的說明，但我們將會看到，它的缺陷並未損害其基本論證的發展。

休謨術語的另一個不同尋常的特徵是，他常常說因果關係存在於對象之間，事實上他正是如此定義的，儘管人們往往說他認為因果關係存在於事件之間。這種修正對他沒有損害，因為在這種關聯中，他對對象的提及很容易被改述為對事件的提及，他把感情和意志等心靈要素包括在原因和結果中正是它的某種證明。我自己的看法是，對他的意圖的最佳描述是，把這種關係解釋成存在於事實之間，對象與事件、行動與激情、狀態與過程，無論是物理的還是心靈的，都可以按照哪個術語顯得合適而被納入事實。這種做法不僅符合休謨對關係範圍的擴大，而且由於

事實與真命題相關，它還有助於引出這樣一種觀點，即休謨主要把因果關係當成推論的根據。

這一點還可以說得更強。我們已經看到，休謨認為我們觀念的聯繫依賴於三種關係，即相似關係、鄰近關係和因果關係，但前兩種關係與第三種關係有一種功能的差異。表達這種差異的一個很好的方法是說，前兩種關係為我們注意力的運動鋪設了道路，第三種關係則是我們事實信念的主要來源。對一個對象的印象或觀念很容易喚起另一個與之類似的或顯得與之鄰近的對象的觀念，但這一過程到此為止。除了那些已經處於記憶或感官領域之內的信念，它並不導向任何信念。無論是單獨考慮還是一起考慮，這些關係都不會使我們相信那些尚未出現在我們經驗中的特殊實在的存在性。為此，我們不得不依靠推理，正如休謨在《〈人性論〉摘要》和《人類理解研究》中指出的：

> 顯然，所有關於事實的推理都是以因果關係為基礎的，我們永遠也不能從一個對象的存在推出另一個對象的存在，除非它們是聯繫在一起的，無論是間接還是直接。因此，為了理解這些推理，我們必須非常瞭解原因的觀念；為此，我們必須找到某種是另一個對象的原因的東西。(T 649)

然而，對事實推理的理解並不限於分析它們所基於的關係。這些推理從這種關係中得到的支持也是一個問題，休謨理論的意義幾乎完全繫於它如何闡明這第二個問題。

儘管如此，我們可以從休謨對因果性的實際描述入手。休謨的程序是，先將進入日常關係觀念中的要素加以區分，再去尋找導出這些要素的印象。除了混淆了心理問題與他常犯的邏輯問題，這裏他的方法也有循環論證之嫌。正如我們已經指出的，他認為因果性是在物體和事件的層次上起作用，而在達到這一層次的過程中，他已經需要利用事實推理了。但這個循環似乎並不是惡性的，雖然他的衍生進路導致他對因果關係給出了過於狹窄的論述(尤其是考慮到他讓此關係擔負的工作量)，但引起的危害並不很深，他的主要論點並未受其影響。

在分析我們的因果關係觀念時，休謨認為它是複合的。它本質上包括在先性、鄰近性和他所謂的必要關聯這三種關係。事實上，因果關係根本不是一種關係，無論取「關係」一詞的何種含義，但休謨至少在開始時是這樣來談論它的。就前兩種關係而言，觀念與印象的相配還算明顯。對休謨來說，發現一種印象，可以從中導出必要關聯的觀念，這是一個非常嚴重的問題。

這個問題觸及了休謨因果性理論的核心，在考察

他對這個問題的處理之前，也許應該說，我懷疑這三個要素中的任何一個是否真如休謨所說對於我們的因果關係觀念不可或缺。他把鄰近性視為不可或缺的理由是：

> 雖然遠離的對象有時可能顯得是彼此產生的，但一經考察往往就會發現，它們是由一連串原因聯繫起來的，這些原因互相鄰近，和那些遠離的對象也是鄰近的；即使在特殊情形中我們發現不了這種聯繫，我們也仍然假設它是存在的。(T 75)

在休謨那個時代的一般觀點看來，這也許的確是真的，但超距作用概念並無矛盾之處，即使在今天，接受超距作用概念的科學理論也不會僅僅因此而遭到拒斥。不僅如此，休謨本人也允許因果性在各種情形中起作用，在這些情形中不僅沒有空間上的鄰近性，甚至根本沒有任何空間關係。這些情形是指我們的思想和感受產生物理的原因和結果的情形。因為在休謨看來，只有有顏色的或可觸的東西才能被真正賦予空間屬性：他對我們是否有權把空間位置歸於其他感官的材料表示懷疑，即使基於這些感官材料與視覺和觸覺對象的聯繫；他認為在思想和感受的情況下，「一個對象可以存在但不在任何地方」這一基本原理顯然得到了滿足。在這一點上休謨是否正確可以爭論。我

認為通俗的回答可能是，我們的思想存在於我們的頭腦之中，但除非我們認為這是把心靈事件不正當地等同於大腦事件，否則這很難被視為真的。而且，無論有什麼理由賦予我們的思想一個象徵性的位置，比如給思想指定某個大腦區域，認為思想因果地依賴於大腦，也仍然不能得出結果說，思想在空間上鄰近於它們的原因。

休謨的確有理由堅稱，原因必定先於結果，儘管在某些情況下，原因和結果似乎有可能同時出現。

〔他說，〕在自然哲學和道德哲學中有一個業已確立的基本原理，即一個對象如在其完全發展的情況下存在了一段時間而沒有產生另一個對象，那它就不是另一個對象的唯一原因，而是被其他某個原則所輔助，將它從不活動狀態中推動起來，使之發揮秘密擁有的能量。(T 76)

由此休謨推論說，如果某一原因「與其結果可以完全同時」，那麼所有原因都必定如此。這裏的推理沒有完全說清楚，但似乎基於這樣一個假設，即任何一組充分條件都會盡可能快地產生其結果，因此如果在這種意義上，一個原因能產生一個與它同時的結果，那麼任何一組沒能產生與它同時的結果的條件就不是充分條件。如果我們像休謨那樣進一步假設決定

論，因此每一個結果都至少是進一步原因的一部分，我們就廢除了相繼，從而廢除了時間。因為正如休謨所說，「如果一個原因與它的結果是同時的，這個結果又與它的結果是同時的，如此等等……那麼所有對象都必定是同時存在的」(T 76)。

休謨似乎對這個論證的有效性有些懷疑，但為了保護自己，他又說「此事並不很重要」。在這兩件事上他都是正確的。他對因果性的進一步分析中沒有任何東西依賴於「原因必先於其結果」，他的論證是無效的。這個論證的前提要求原因與結果之間不能有時間間隔，但並不排除二者的重疊，如果這種重疊在某些情形中是部分的，那麼就沒有理由說為什麼這種重疊在其他情形中不能是完全的。這個前提本身也並非強迫。如果像休謨那樣讓因果概念依賴於定律概念，我們就沒有邏輯理由在定律所連接的兩個事態之間排除任何時間間隔。在時間和空間上，我們都可以接受超距作用的可能性。

我之前說過，我懷疑必要關聯的要素是否本質上包含在通俗的因果性概念之中。這部分是出於寬容，因為我要論證說，除非給這個概念一種非常人為的解釋(正如我們將會看到的休謨對它的解釋)，否則這個詞根本不適用於事實，我寧願避免給公眾帶來這樣一種思想混亂，即它的因果性概念沒有應用。即使如此，如果有社會調查表明，大多數與因果性發生聯繫的人

都有某種關於能力、力量或動因的模糊觀念，我也不會感到驚訝；在那種情況下，我仍將保持寬容，使這些觀念脫離關於使因果判斷變得可接受的實際因素的描述。

無論如何，在論證的這個階段，重要的是(休謨也承認)，在先性和鄰近性對於因果性來說是不充分的，即使它們是必要的。我們還需要某種東西，甚至可能是完全不同的東西。它會是什麼呢？休謨給出了一個答案，但我們將會看到，這個答案本身沒有使他得出這個答案的思路重要，這種出色的思路與其說源於他肯定的東西，不如說源於他否定的東西。

他首先否認獨立的事實之間存在着邏輯關係。正如他在《人性論》中所說，我們可以信賴這樣一個原則：「任何對象本身都不含有任何東西能使我們有理由引出超出它本身的結論。」(T 139)在《人類理解研究》中，他又進一步論證說：「凡可理解的、可以清晰構想的東西都不蘊含矛盾，任何證明性的論證或抽象推理都不能先驗地證明它為假。」(E 35)他舉了各種例子，比如他堅持認為，他能清晰分明地設想，一個在所有其他方面都與雪相似的問題「卻有着鹽的味道或火的感受」；「所有樹木都在12月和1月茂盛，在5月和6月枯萎」這個命題是完全可理解的(E 35)；從「一個枱球沿直線滾向另一個枱球」這個前提永遠不可能「從第一個球的運動和推力來推斷第二個球的

運動」(T 650)。如果在這些情形中，或者在他給出的其他許多例子中，我們推出一個相反的結論，那是因為我們正在根據我們過去的經驗進行投射。就邏輯而言，任何東西可以產生任何事物。

這一步無疑是有效的，但在闡述這個論證時卻要小心。我們必須避免被一個事實所誤導，即我們往往通過對象彼此之間的實際關係或可能關係來描述對象，在描述時常常會或隱或顯地提到它們的因果性質，尤其在描述人工製品時。例如，在把某物稱為鋼筆時，我們暗示它是為了服務於留下清晰的筆跡這個目的而設計的；一面鏡子若要名副其實，就必須能夠反射出鏡像；火柴是某種在特定條件下摩擦時會產生火苗的東西；等等。不僅在日常用法中可以找到無數這樣的例子，而且可以把這個過程弄得任意長。在任何情形中，只要我們想聲稱兩種屬性總是聯繫在一起的，我們都可以用一種簡單的策略來保證它們的聯繫，即對迄今為止只代表其中一個屬性的謂詞進行重新解釋，使它漸漸代表兩者的結合。同樣，我們也常常能夠通過構造一種演繹理論，認為它們表達了定義或其邏輯推論，來重新解釋表達經驗概括的句子。

然而面對休謨的論證，這種操縱顯然並不能提供真正的保護。當我們追問這些定義是否被滿足時，在定義之下隱藏的、顯然被我們壓制的經驗問題又漸漸暴露出來。如果我們可以操縱謂詞來建立邏輯關聯，

我們也同樣可以把過程顛倒過來：一種複雜屬性可以分解成它的不同要素；我們也可以對相關謂詞進行解釋，使之成為一個經驗問題，即「它們是否共同得到滿足」。

　　但是，在拆解某個有邏輯關聯的概念結構時，難道我們的能力沒有限制嗎？休謨的論證要求每一個對象都能「就其本身被思考」。我們很確定這總是可能的嗎？的確，只要我們是在討論感覺性質甚或是特殊印象，似乎就沒有困難，但休謨的論證所適用的事實卻不在這個基本層次。它們涉及物體的行為，有理由說不能個別處理這些東西，就好像其他東西不存在似的。它們位於一個時空系統之中，可以認為這要求對任何個別對象的確認都預設了存在着和它有某種時空關係的其他對象。但有一個保留條款，因為這種對其他對象的提及是非常一般的。與被確認對象有時空關係的所有對象中，這種確認並不特別需要涉及任何一個對象。因此，要想滿足休謨關於對象應當就其本身被思考的要求，我們只需認為它意味着，對於任何兩個對象x和y，我們可以通過關於不涉及其中一個對象的描述來確認其中另一個；如果這一條件得到滿足，他的以下結論就會像需要的那樣成為重言式：在這樣一種描述下，由一個斷言x存在的陳述導不出關於y是否存在的陳述。

　　對休謨來說，他可以使用這一重言式，因為他的

另一個論證，即任何事實的反面都可以被清晰地構想出來，並不令人信服。其弱點在於假定我們認為可理解的東西必定在邏輯上是可能的。尼爾(W. C. Kneale)教授在1949年出版的《或然性與歸納》中提出過一個反例。一般認為(雖然並不是普遍認為)，如果一個純粹數學的命題為真，則它必然為真。因此，如果是這樣，而且休謨是正確的，那麼一個真數學命題的反面就不應是可設想的。但現在讓我們考慮一下哥德巴赫猜想，即任何一個大於2的偶數都是兩個質數之和。這個猜想從未被證明，也沒有發現過例外。如果我們允許數學命題可真可假，不論我們是否有一個證明，並且如果堅持它們的必然性，那麼我們必定會得出結論說，哥德巴赫猜想和其否定必有一個邏輯上為假，但每一個似乎都同樣可以設想。

即使我們不願意做出那些支持這個例子所需的假設，我想還是應該承認，訴諸我們所能設想的東西並不能給我們提供一種萬無一失的邏輯可能性標準。並非所有矛盾都能明顯直接地顯露出來，反過來，在邏輯上可能的命題，甚至是真命題，也可能超出我們的想像。例如，我們一直被教導去相信空間彎曲，但我想在愛因斯坦提出他的相對論之前，大多數人都會認為這不可思議。因此我認為，雖然休謨關於通常自然進程變化的例子有一定的說服力，但我們要憑藉自己的力量把語言在我們對事實的描述(正如我所說，休謨

的論證牢固地以此為基礎)之間鍛造的邏輯關聯切割開來。

尼爾利用哥德巴赫猜想(Goldbach's conjecture)所要捍衛的立場碰巧不是「因果關係例證了邏輯必然」，而是「自然定律就是尼爾所謂的必然性原則」。如果說這種觀點有什麼特殊價值的話，那就是它把我們帶到了休謨的第二個重要的否定，即可能存在着像「自然的必然性」這樣的東西(如果這意味着事實之間可能存在着康德所謂的綜合關係)，即使這些關係的存在在邏輯上無法證明，這些關係也是必然的。

休謨的論證只不過是說，這種關係都是不可觀察的。如果以他最喜歡的枱球遊戲為例，我們的確用一些「有力」的詞談論用球桿來「擊」球以及一個球「撞上」另一個球，但我們實際觀察到的僅僅是時空關係的一系列變化。首先是擊球者手臂的移動，同時伴隨着球桿的運動；然後在一瞬間球桿和球發生空間接觸；然後是球相對於其鄰近物體運動一段時間；然後在一瞬間這個球與第二個球發生空間接觸；再往後是一小段時間兩個球都在運動；最後，如果擊球者這一桿打得成功，在又一瞬間第一個球會與第三個球發生空間接觸。在這整個過程中，沒有任何可觀察的關係需要用「能力」「力」或「必然聯繫」等詞來為其命名。我們可能選用的其他任何例子也是如此，不論它是一系列物理事件，還是物理屬性的結合。正如休

圖8　枱球的碰撞是休謨的因果關係範例。枱球是18世紀末英國有閒階層
酷愛的運動——根據吉爾雷所繪的這張漫畫，這種酷愛過度了。

謨所説，我們從來沒有一個印象可以從中導出必然聯繫的觀念。

如果有人在尋找這一印象，那麼尋找它的最明顯地方就是一個人自己的行動經驗。難道我們不能從自己的意志活動中找到這種印象嗎？休謨在《人類理解研究》中考慮了這一點，並且提出了三個反駁。第一個反駁是，我們並不理解「靈魂與肉體的結合」這一原理，如果意志給了我們能力的印象，我們就應當理解這一原理；第二個反駁是，我們無法解釋我們為什麼能夠移動某些身體器官，卻不能移動其他器官，如果只有在合適的情況下我們才意識到有一個力在起作用，我們就不會對這個問題感到為難了；第三個反駁是，「我們從解剖學中得知」，嚴格說來我們根本沒有能力移動我們的四肢，而只能讓神經或「靈魂精氣」運動起來，從而最終使四肢運動起來；我們肯定意識不到在我們的意志活動與這些「靈魂精氣」或諸如此類的東西的運動之間有什麼力的關係(E 64–67)。

我認為我們可以不受這些論證的影響。常有人説，當我們有意志活動或以各種常用方式去處理對象時，我們就經歷了一種經驗，它與產生某物的經驗相符；我們以這種方式所能做的是有限的，我們也許對完成此類事件所必須滿足的物理條件一無所知，但這本身並不足以使這種描述成為不恰當的。事實上休謨本人也説，當我們試圖克服物理阻力時，我們體驗到

一種「靈魂上的努力」，他承認這種體驗在很大程度上進入了通俗的能力觀念，即使這種通俗觀念既不清楚又不準確(E 67)。

但我現在必須聲明，無論這個問題是對是錯，無論它有多大的心理學價值，它對於休謨的論證來說都是無關緊要的。我們必須記住，休謨關注的是把因果性當作事實推理的根據；它必須架起一座橋樑，將我們從一個事實的真實信念安全地過渡到對另一個事實的真實信念。因此，即使我們擁有可以被恰當地稱為「能力的運作」的經驗，這些經驗也與本題無關，因為它們不能被一般化。對我的某些特殊行動的忠實描述會或隱或顯地蘊含我曾經經歷過這種經驗，由這個事實(如果它是事實的話)根本推不出，我自己再去重複這個行動時會有同樣的經驗或者獲得相同的結果。這兩個行動之間並無邏輯關聯，我們可以在心理學理論所容許的範圍內對其中某一個行動作盡可能詳細的描述，但它對另一個行動的性質傳遞不出任何東西。

尋求物理世界中的必然性也是如此。這裏，休謨同樣沒有完全公平地對待他的論證，他似乎使之基於一種經驗概括而不是基於邏輯論證。如果我們回到他的枱球例子，我認為他說的不錯，即在實際現象中覺察不到任何力或力量的關係。他忽視的一點是，這些關係是否可以被覺察到並不重要。因為讓我們假定，兩球相撞時我們的確觀察到了某種可以被稱為力的傳

遞的東西，因此我們在對事實的描述中提到了它。就我們做出推論的能力而言，這種複雜情況會使我們止步不前。讓我們把兩個球稱為A和B，把它們之間據說強有力的關係稱為R。如果對A和B在未來的空間相遇是否會產生與之前相同的後果感到懷疑，那麼我們對A與B在未來空間相遇時是否會再次有R的關係，以及是否會有相同的後果，也會感到懷疑，甚至會更加懷疑，因為現在假設了更多的東西。也許有人會反駁說，在第二種情況下，懷疑可以被關係R的本性所解除。如果A與B有關係R，那麼A必定會把運動傳給B，這意味着在相似的條件下，它在任何情況下都會如此。但這種反駁完全是錯誤的，因為要麼R是一種純現象關係，也就是一種對現象的準確觀察足以確立其存在的關係，要麼不是。如果是，那麼它的存在將完全中立於在任何其他位置或時間發生的事情。如果不是，那麼只有當它的定義中蘊含着任何被它聯繫起來的項在相似條件下都會顯示出相似的行為時，它才能服務於預定的目標。但這就使這個例子成為因果命題被命令為真的另一種情形，同樣的反駁對它來説是致命的。此外，根據這種解釋，在任何一個事實聯繫的事例中都覺察不到必然聯繫，這看起來像是一個經驗命題，卻被發展成了一個邏輯真理。因為現在對這種關係的定義使我們不得不考察相關現象的每一個事例，以便發現它在所有事例中都成立。

關於必然性問題，我們的論述可以到此為止了，儘管在事實推理的根據方面仍然可以說很多。但由於假定我們有必然聯繫的觀念，休謨的原則驅使他繼續探究可能是這個觀念的來源的印象。他知道，僅僅增加例子是無濟於事的。在陳述了那個我們已經引用過的原則，即「任何對象本身都不含有任何東西能使我們有理由引出超出它本身的結論」之後，休謨又提出了另一條原則：「即使在觀察到對象的頻繁連接或恒常連接之後，我們也沒有理由引出超出我們經驗的關於任何對象的推論」(T 139)，而且如果我們如休謨在這裏所做的那樣僅限於演繹推理，那麼這條原則的真理性和第一條原則同樣明顯。然而，正是在增加事例的過程中，休謨找到了結束其探究的線索。他的理論是，觀察到重複出現的事實的頻繁連接或恒常連接會產生一種期待這種規律性重複出現的心靈習慣或習俗。正如休謨在《人類理解研究》中所說，事例的增加所造成的區別是，「受習慣的影響，一個事件一出現，心靈就期待它通常的伴隨，並相信那種伴隨將會存在」(E 75)。正是在「我們的心靈感受到的聯繫中，在想像力習慣性地從一個對象轉向它通常的伴隨」中，休謨發現了「使我們形成力量觀念或必然聯繫觀念的感情或印象」(E 75)。我們要繼續的只不過是我們過去對於自然界中規律性的經驗；事實上，除此之外再沒有更多的東西需要發現。我們變得習慣於期待這

種規律性被保持。這種習慣或習俗在我們身上已經如此根深蒂固，我們會把聯想的力量投射到現象本身當中，從而屈從於一種幻覺，以為「必然聯繫」是現象之間實際存在的一種關係的名稱。

這樣一來，休謨就可以定義因果性了。在《人性論》和《人類理解研究》中，根據關係被視為「自然的」或「哲學的」，也就是說，根據我們是只關注展示關係的現象，還是也考慮我們如何看它們，休謨給出了兩種定義。在第一種情況下，原因在《人性論》中被定義為：「一個先於且鄰近於另一個對象的對象，凡與前一個對象類似的對象都同那些與後一個對象類似的對象處於類似的先在關係和鄰近關係。」「哲學」定義則是：「原因是先於且鄰近於另一個對象的對象，它和另一個對象緊密結合，以至於其中一個對象的觀念促使心靈形成了另一個對象的觀念，對其中一個的印象促使心靈形成了對另一個對象的更加生動的觀念。」(T 170)《人類理解研究》中給出的定義與此相似，但更簡潔。在其「自然的」方面，原因被說成「一個對象被另一個對象所跟隨，凡與第一個對象類似的對象都被類似於第二個對象的對象所跟隨」。他還補充了一個解釋：「如果第一個對象不曾存在，那麼第二個對象也必不曾存在」；當心靈的貢獻被引入時，原因就成了「一個對象被另一個對象所跟隨，它的出現總是把思想傳遞給另一個對象」(E 76–77)。

常常有人指出，幾乎用不着重複，這些定義很不恰當。除了我們已經注意到的，這些定義把「對象」不恰當地稱為因果關係項，以及毫無根據地排除了超距作用，它們也無法解釋理論在導出我們所謂的「因果律」的過程中所起的作用。此外，因果連接是否需要完全恒常，這也令人懷疑。我們常常做出特殊的因果判斷，其一般支持只不過是一種傾向陳述。事實上，休謨在談到「原因的或然性」時，已經為這種情況作了準備。他並沒有完全按照一般用法假定原因必須是充分條件，還過於理所當然地相信，任何給定事實的充分條件都不可能多於一個。這將使原因也成為必要條件，事實上，這正是休謨在《人類理解研究》中解釋第一個定義時對原因的描述。然而，他允許他所謂的原因對立性的存在，這意味着其他某個或某些因素的存在會阻礙某一類「對象」被其通常的伴隨所跟隨。如果我們知道這些其他因素是什麼以及它們是如何運作的，就可以使它們的缺席成為我們充分條件的一部分，並且相應地調整我們的期待。實際上，我們往往只能滿足於從過去的頻率中進行概括。只要假設不存在多個充分條件，這種對我們過程的解釋本身並不會引起反對。但它忽視了我們強加於統計推理的限制性條款，以及統計定律在何種程度上可以從理論中導出來。

反過來，不能把每一個恒常連接都看成歸屬因果

性的根據。如果例子不夠多，或者出現於我們所認為的特殊情形中，或者並不符合我們對事情發生方式的一般設想，那麼即使這種連接毫無例外地發生了，它也可能被視為偶然的。這一點又伴隨着嚴肅的反駁，即休謨在其定義中使用的「類似」和「相似」等語詞過於模糊不清。任何兩個對象都可以在某個方面相似。我們需要詳細瞭解，要使相似性所集合的事實成為事實推理的合適候選者，究竟需要什麼類型或什麼程度的相似性。

休謨在《人性論》中的第二個定義有時會被指責為循環論證，因為休謨說對象「決定」心靈形成關於另一個對象的觀念。但這一指責是沒有根據的。從休謨的整個論證過程可以清楚地看出，這裏只不過是聲稱，心靈事實上獲得了把相關觀念聯繫在一起的習慣，這並不意味着心靈「被迫」這樣做。另一方面，休謨在本應是因果性的定義中提到了心靈的傾向，這是一個可原諒的錯誤。在提出因果判斷時，我們表達了我們的心靈習慣，但通常不會斷言我們已經有了這些習慣。在解釋我們對因果性的歸屬時，的確會包括對我們心靈習慣的論述，但這並不是說當我們把因果性質歸於某一物體時，我們也是在作關於自己的斷言。

關於休謨的定義在形式上的缺陷，我們已經說得夠多了。事實仍然是，這些定義的確顯示出了兩點，

其重要性遠遠比其缺陷更重要。第一點是，只有恰當的自然規律性的存在才能使因果命題成為真的；第二點是，偶然概括與因果概括之間的差異並非它們被滿足的方式上的差異，而是我們各自對待它們態度上的差異。在第二類情況下，我們願意把確認的規律性投射到想像的或未知的事例上去，而在第一類情況下則不願意。雖然休謨指出了這種區分的方式，但他自己並沒有探究這背後的原理。

他提出了一個更加一般和基本的問題，即如果超過了我們過去和現在的觀察，我們如何才能正當地進行事實推理呢？在提出這個問題時，他提出了後來哲學家所謂的「歸納問題」。在處理這個問題時，他追問我們的推理過程是否受制於理性。如果是，他就堅稱我們的理性「將按照這樣一條原則來進行，即我們沒有經驗過的事例必定類似於我們經驗過的事例，自然的進程總是齊一不變地繼續下去」(T 89)。但現在我們來到了他的第二個關鍵否定。因為他令人信服地表明，我們正在討論的原則既不能得到證明，甚至也不能聲稱有任何或然性。說這條原則不能被證明，顯然來自這樣一條假設，即兩類事例的各個成員在邏輯上是迥異的。我們已經看到，休謨有權作這樣的假設。關於它是或然的，我們違背了一個事實，即或然性的歸屬基於過去的經驗。用休謨的話來說，「或然性建立在我們經驗過的對象與我們沒有經驗過的對象相互

類似的假定的基礎上，因此這一假定不可能來自或然性」(T 90)。

那麼能否推出，我們根本沒有良好的理性去相信任何事實推理的結果呢？在休謨看來，這將是對他所證明的東西的一種錯誤表述，因為它暗示我們缺乏那些可能自以為擁有的良好理由。休謨本人的結論其實是肯普·史密斯歸於他的結論，即在這些事情上，理性被排除在外。他在《人性論》的一節裏允許懷疑論侵入理性的領域，他使用了這樣一則論證：在證明性科學中我們有可能犯錯誤，因此在這些情況下知識退化成了或然性，還附有一則顯然錯誤的追加條款：由於對或然性本身的判斷並不是確定的，所以懷疑不斷增加，直到或然性被全部取消為止。至於休謨本人是否接受「對於任何事物，我們的判斷都沒有任何區別真假的標準」這個完全懷疑論的結論，他說這個問題是「完全多餘的」，因為這並不是一個人人都能誠心接受的看法。如果說休謨已經最大限度地發展了懷疑論的情形，他也只是在為他的假說尋找根據，即「我們關於事實的一切推理都來源於習慣：嚴格來說，信念比我們本性中的認知部分更是一種感覺活動」(T 183)。這呼應了早先的一則陳述：「一切或然推論都不過是一種感覺罷了。我們不僅在詩歌和音樂中必須遵循我們的品味和情感，在哲學中也是如此。」(T 103)

這是否意味着一切事實推理都有同樣的基礎呢？

我們有權從我們過去和現在的經驗按照符合我們幻想的方式進行外推嗎？如果休謨真的這樣認為，那麼很奇怪的是，他竟然會把他所謂的「實驗方法」應用於對激情的研究，竟然會定下一套「規則來判斷原因和結果」(T 173)，比如它們之間必定有一種恒常連接，「兩個相似對象在結果上的差異必定來自它們不同的特殊之處」。為什麼他如此肯定「世界上根本沒有偶然這樣一種東西」(E 56)，以至於當我們把一個事件歸於偶然時，我們是在承認對其真實原因一無所知呢？他費了很大功夫去表明，「凡開始存在的東西必定都有其存在的原因」(T 28及其後)這條普遍接受的原理無論在直覺上還是證明上都不是確定的，並且努力揭示各位哲學家在試圖證明這一原理時的謬誤，這一切都使這個問題變得更加令人困惑。唯一的解釋似乎是，休謨是從自然信念的角度來看待「任何事物都有原因」和「自然的進程總是齊一不變地繼續下去」這兩個命題的。這兩個命題不可能被證明，但自然就是如此構成的，我們不可能不接受它們。

但我們真的不能不接受嗎？在我看來，在這兩種情況下我們都可以不接受，儘管這裏我將不去詳述第一個命題。第二個命題的麻煩在於，我們不清楚應當如何解釋它。如果只是按照字面意思認為它是在說自然進程是完全重複的，那麼它非但沒有表達一個自然信念，幾乎不會有任何人相信它。我們的經驗使我們

期待有種種未曾預料的事件發生，我們至多可以相信這些事件隨後可以得到解釋。另一方面，如果所宣稱的只是，過去的經驗在很大程度上是未來的一個可靠嚮導，那麼它被普遍接受就是毫無疑問的了。然而還有一個問題有待解釋，那就是為什麼並非每一個經驗到的連接事例都被視為同樣可投射的。

與這一點相伴隨的是從康德開始的許多哲學家都奇特地忽視的一個事實，即某種一般的齊一性原理的一般性本身會使這樣一條原理無法完成它該做的工作。這些哲學家曾試圖論證某種一般的齊一性原理的必然性或至少是或然性，以反駁休謨的理論。我不確定休謨是否認為採用他所表述的原理就能把歸納論證變成演繹的，從而使歸納論證合法化，但如果他真的這樣認為，那他就錯了。為了看清楚這一點，我們只需考慮任何一個這樣的事例，使一個普遍概括從一系列未窮盡的、完全合適的事例中推理出來。假定我們已經觀察到種類A的若干對象，發現它們全都具有特性f，那麼上述觀點認為，把自然是齊一的這一前提添加進來，我們就可以導出每一個A都有f。但我們仍然有可能碰到一個沒有f的A。那樣一來，我們不僅會遭受曾有過先例的挫敗，即發現我們已經接受的概括是假的，而且會證明自然並不是齊一的，因為如果一個有效的演繹論證的結論是假的，那它至少有一個前提必定為假，並且既然「所有觀察到的A都有f」這一前

提為真，那麼錯誤的前提必定是齊一性原理。但無論是休謨還是認為需要這條原理的所有其他哲學家都肯定不會真想讓它變得如此嚴格，以至於一發現有例外違背了一直有正面支持的概括就放棄這條原理。

於是讓我們承認，根本沒有一種簡單的方法能把歸納推理變成演繹推理。也許有人仍然認為，當一般的齊一性原理與之前的觀察證據結合在一起時，就可以用它來為某些概括賦予高度的或然性，並且為我們對特殊事件的預期賦予更高的或然性。這基本上就是密爾的思路，雖然事實表明，要使他的方法產生出他所宣稱的結果，他需要作更多的假設。然而，密爾的立場顯然是循環的。齊一性原理本身被認為是從概括中獲得支持的，而這些概括又是齊一性原理參與支持的。

有人認為，可以把過去的經驗與先驗的或然性關係(這些關係本身基於數學上的概率演算)相結合，從中導出一套一般原理來避免循環論證。對於這種觀點的簡短回答是，根本就沒有這樣的關係，其理由休謨在討論「機會的或然性」時已經給出：

如果有人說，在機會均等時，我們不可能確定地判定事件會落在哪一方，但我們可以確定地宣稱，它更有可能落在機會在數量上佔優勢的那一邊，而不是佔劣勢的那一邊：如果有人這樣說，

我就會問，這裏所謂的可能是什麼意思呢？機會的很可能出現就是均等的機會在數量上佔優勢；因此當我們說事件可能會落在佔優勢的那一邊而不是佔劣勢的那一邊時，我們只不過是說，機會在數量上佔優勢時實際上有一個優勢，在數量上佔劣勢時實際上有一個劣勢；這些都是同一命題，毫不重要。(T 127)

簡而言之，數學演算是一個純形式體系，如果要把它應用於我們對實際上可能發生的事情的估計上，我們就需要作某種經驗假定，比如當我們有一組互相排斥的可能性，如一個骰子的六個面中哪一面會朝上，而且沒有信息會偏向一種結果甚於另一種結果時，我們可以預期它們大致以相等的頻率出現。但這樣一來我們就回到了循環論證，因為除非基於過去的經驗，我們沒有理由做出這類假設。僅是無知並不能建立任何或然性。

有人認為，休謨及其支持者和反對者都在攻擊想像中的敵人，因為科學家們並不使用歸納推理。科學家提出假說，讓其接受他們所能設計出的最嚴格的檢驗，只要沒有被證偽就會堅持這些假設。我懷疑這是否是一種完全準確的對科學程序的說明，儘管它可以糾正那種科學實踐就是從過去的觀察中做出概括的錯誤觀點。但無論如何，它並不意味着歸納法是或可能

是多餘的。一方面，這種觀點忽視了一個事實，即我們的語言中存在着大量歸納推理。無論提到任何種類的物體，我們都在暗示，迄今為止被發現連接在一起的性質將繼續連接在一起。我們賦予這些對象以因果能力，是在預測之前不同種類的事件序列在適當條件下會重複出現。此外，除非認為通過檢驗會增加可信度，否則檢驗假説就沒有意義了；但檢驗的確增加了可信度，這乃是一個歸納假設。

很久以前，皮爾士曾經提出過一種更有希望的論證思路。如果沒有一個可確定的概括可與一組既定事實相符合，我們對此就什麼也做不了；如果有這樣一個概括，那麼依靠過去的經驗，我們最終就能做出這個概括。但還有一個困難，即可能有無數概括與數量有限的觀察相一致，即使保證我們在很久之後一定會得到正確結果，也沒有多大安慰。

即便如此，指出形成我們預期的任何成功的方法都必然是歸納的也有意義，其充分理由是，除非它遵循一種模式，這種模式符合它所處理的事件的模式，否則它就不是一個成功的方法。真正的麻煩在於我們的觀察給予我們的自由，因此我們必須在得到我們過去的經驗同樣好地支持的若干相互競爭的假説中做出選擇。這裏的問題與其說在於未來是否會與過去相似，不如說在於未來如何與過去相似，因為如果可以繼續描述世界，那麼未來必定以某種方式與過去相

似。除非通過循環論證，我們想得到但又得不到的是我們對過去的教訓進行實際解釋的理由，是堅持一套特殊信念的理由。休謨的洞見是，我們得不到這種理由。結果就是這些信念應當被拋棄，這是他沒有證明甚至也沒有試圖證明的結論。

第五章
道德、政治與宗教

休謨否認「每一個事件都有原因」這一命題的必然性，考慮到這一點，我們也許會驚奇地發現他是多麼堅定地承認其真理性。的確，在《人性論》的一段話中，在討論恐懼和希望這兩種激情時，他談到導致這兩種激情的或然性屬於兩種類型中的某一種，這要看對象已經是確定的但「對於我們的判斷來說不確定」，還是「對象本身其實是不確定的，需要由機會來決定」(T 444)，但這一次罕見地偏離了他通常的觀點，即「通常所謂的機會不過是一個秘密而隱蔽的原因罷了」(T 130)。在他對激情的整個分析以及對道德和政治之基礎的整個探究中，他採取的是一種決定論的正式立場。

但我們必須記住，當我們稱休謨為決定論者時，絕不是說他承諾必然性在自然之中居統治地位，而頂多是說，他或其他任何理解其觀點的決定論者主張各種不同事實的同時發生和相繼表現出了完全的規律性。在接受這一命題時，休謨不僅把他對歸納有效性的懷疑拋在腦後，而且漠視了一個事實，即我們過去

的經驗所揭示的規律性遠遠不夠完美。這些規律性並沒有涵蓋所有被普遍接受的材料，其概括水平允許在它們所例證的事例中有某種未經解釋的自由。休謨沒有注意到第二點，但確實承認了第一點。在討論第一點時，他把「按照事物的初次顯現來認識事物的俗人」的觀點與把一切不規律性的顯現都歸因於「相反原因的秘密對立」(E 86–87)的哲學家的觀點進行對比。對這一做法的反駁是，它把決定論論題歸結為一種約定。如果我們可以通過訴諸秘密力量來排除任何不利證據，那麼決定論在一切情況下都可以倖存。為了賦予它某種價值，我們需要把它分解成一套工作理論，然後把它們應用於不同的事實領域。的確，如果我們的理論失敗了，我們也許仍然會希望找到其他能使我們成功的替代理論，但至少在任何給定的階段，我們所提出的問題都將是經驗的。

雖然休謨並沒有考慮這些，但沒有理由認為他不喜歡它們。因為他想提出的命題與其說是物體的運作被嚴格控制着，不如說是在這方面物體與心靈之間沒有區分。人性的特性與無生命物體的特性一樣都是恒定的，而且「這種規則的聯合被所有人普遍承認，無論在哲學中還是在日常生活中，它都從未成為爭論的主題」(E 88)。如果我們驚訝地發現這話是對哲學說的，那麼我們應該提醒自己，在休謨的用法中，「哲學」一詞包含了科學；他在這裏堅持的是，習慣於從

過去的經驗中推出未來的經驗，以及假定那些比我們實際發現的更為牢固的規律性，在社會科學中出現得並不比在自然科學中少。

〔他問〕如果我們不按照我們認為人類所具有的經驗來相信歷史家的真實不妄，那麼歷史會變成什麼樣子呢？如果政府的法律和形式對社會沒有齊一的影響，那麼政治學如何可能是一門科學呢？如果某些品格沒有特定的或確定的力量來產生某些情感，這些情感對行動也沒有恒常的作用，那麼道德的基礎在哪裏呢？如果我們不能斷言各個角色的行動和感情在這些情況下是否合於這些品格，我們有什麼資格去批評任何詩人或高雅文學的作者呢？因此，如果不承認必然性學說，不承認從動機到自願行為、從品格到行為的這種推斷，我們似乎就不可能從事一門科學或做出某種行動。(E 90)

休謨由此得出的結論是，如果自由意志意味着人們的行為是沒有原因的，那麼就沒有人會認真相信自由意志。他承認，在涉及一個人自己的行為時，這個人會傾向於聲稱這種自由。「我們覺得自己的行為在大多數情況下受制於我們的意志，並設想我們的意志自身不受制於任何東西」(E 94)，這部分是因為我們

沒有任何約束感。我們也許不知道我們所服從的所有規律性，即使我們發現了這些規律性，我們也可能仍然會幻想擺脫其控制。我們甚至會在我們認為相同的情況下選擇不同的做法，從而令自己滿意地證明這一點，卻沒有看到一個決定性的區別：

> 顯示自由的不切實際的慾望本身現在正在作為原因起作用。不僅如此，無論我們如何設想自己在自身之中感覺到有一種自由，旁觀者也往往能從我們的動機和品格來推斷我們的行為。即使他不能，他也可以一般地斷言說，如果他完全熟悉我們的處境和性情的一切情況以及我們的性質和傾向的最秘密的發條，他也可以將其推斷出來。(E 94)

既然我們打算站在旁觀者一邊，最後這句話顯然是迴避了問題，而且就此而言，休謨沒能證明他的論點。但無論從這種失敗中可以得出何種教益，它都不會強化那些希望維持自由意志與責任之間通常聯繫的人的立場。在他們看來，以及在休謨看來，純粹物理的原因不可能起全面的支配作用。於是讓我們假定，我們的行為並非高度規則地出自我們的品格和動機。我們可以把這些行為的難以捉摸歸因於什麼呢？我認為只能歸因於偶然。但除了源於我們動機和品格的那些行為，為什麼認為我們要為那些偶然發生的行為負

責呢？我們也許可以用我們的遺傳天賦以及從小就有反應的肉體和心靈的刺激來解釋它們。

這並不是否認我們有任何形式的自由。休謨把自由解釋為「按照意志的決定來行動或不行動的一種能力」(E 95)，我們通常都具有這種能力。不僅如此，休謨還可以論證說，正是這種自由，而不是我們無法聲稱對其有權利的那種意志自由，才是「道德的關鍵」。他的論證是，「行為是我們道德情感的對象，僅僅因為它們暗示了內在的品格、激情和情感」(E 99)。當行為「僅僅源於外在的強制時」，由它們不能引出毀譽；同樣，除非對人們的動機和品格有影響，從而影響他們的行為，否則區分毀譽、賞罰也就沒有意義了。這並不能阻止我們對死者或者出於其他原因我們沒有實際能力去影響的人的行為進行讚揚或責備，但這主要是習慣力量的另一種說明。我們發現在許多情況下，表達讚揚或責備可以促進或禁止人的行為；這種做法很有用，這使我們習慣於對所有這類行為都以同樣的方式來回應。還要指出，甚至當相關行動者超出了我們所能及的範圍時，我們對其行為的評價也仍然會影響那些有意效仿他們的人的行為。

除了宣稱自己對自由的定義是「所有人都同意的」以外，我認為休謨在自由意志問題上是正確的。我認為一般人都同意，休謨為自由設定了一個必要條件。但我懷疑它是否被普遍視為充分條件。在我看

來，不僅我們的道德判斷，而且我們對於自己和他人的許多感受，比如自豪或感激，都部分受制於一種賞罰的觀念，這種觀念要求我們的意志能在一個比休謨的定義更強的意義上是自由的。我們以混亂的方式賦予自己和他人一種有時所謂的自我決定能力。問題在於，即使有某些東西與這種描述相符合，我們也無法逃脫休謨的困境。這種能力的運用要麼會符合因果模式，要麼隨意發生，無論是哪種情況，它都無法證明責任的歸屬是正當的。為了避免上述混亂，我們可以像休謨實際提議的那樣改變我們的賞罰和責任觀念，使之符合一種純粹功利主義構想，但我們對自己情感的控制能否遵守這一政策，即使能夠如此，我們所遵守的政策又是否完全可取，這些都是有爭議的問題。

休謨悄悄順帶提出了引人注意的一點：如果決定論是有效的，並且假定存在着一位全能的造物主，那麼對於希望堅稱造物主是善的人來說，就會產生另一個困境。正如休謨所說，「從一個如此善好的原因出發，人的行為……根本不可能有道德上的邪惡；如果它有任何邪惡，則必然意味着我們的造物主有同樣的罪責，因為我們承認他是那些行為的最終原因和肇始者」（E 100）。我們可以通過完全拋棄罪責的概念來逃脫這個困境。我們可以論證說，由於罪責的概念依賴於自由意志這個混亂的概念，所以我們無論如何都應當這樣做。但逃脫之後很快又會被擒獲，因為可以用

罪惡來重新表述這個困境，並且給造物主加上更重的負擔，因為並非世界上的所有罪惡都源於人類有意的行為。這樣一來是無法逃脫的，因為至少可以認為罪惡包含着人和動物的大量苦難，不可否認有這些苦難發生。在某些情況下，相信它來自一個善的原因也許可以減輕它，但這些情況是例外，而且我們不清楚除了減少惡，由此還能得到什麼。既已否定「這是所有可能世界中最好的一個」這一荒謬建議，我們只能下結論說：如果有一個全能的造物主，那他絕不是善的。

像往常一樣，休謨讓讀者自己去得出這個結論。提出自己的論證之後，休謨滿意地指出，「迄今為止人們發現，既捍衛絕對命令，又能使神不必成為罪的創造者，這超出哲學的一切能力」（E 103）。由於休謨論證中最薄弱的一環是其決定論假設，所以值得指出的是，即使該假設被放寬，其結論也幾乎不會受到損害。即使造物主只想讓世界上的某些惡產生，而把其餘的惡留給偶然，他的道德地位也不會高很多。

在諷刺性地評論說神的涉罪問題已經超出了哲學的力量之後，休謨指出這一主題「適度地回到了它真正的固有領域，即對日常生活的考察」（E 103），這正是他在對人的道德做出哲學解釋時所遵循的方針。我們如果仔細考察就會發現，休謨的道德哲學是微妙而複雜的，但它是從少數能被清晰引出的原理中導出來

的。這些原理中有些是分析的,有些是心理學的。我先來陳述和討論它們,再考慮休謨從中得出的結論。

這些原理如下。我所列的次序並沒有什麼特殊意義。

1. 只關心發現真與假的理性「絕不能成為任何意志活動的動機」(T 413)。休謨正是從這個原理導出了其著名格言:「理性是而且僅應當是激情的奴隸,除了服務和聽命於激情,再不能號稱有其他任何職務。」(T 415)

2. 激勵我們的激情可以是直接的或間接的,平靜的或猛烈的。直接的激情,如喜悅、悲傷、希望和恐懼,或是源於人的自然本能,或是源於我們對善的渴望(這裏可以等同於快樂),或是源於對罪的反感(這裏可以等同於痛苦)。間接的激情,如傲慢、謙卑、愛恨,則源於這些原始動機與其他因素的結合。這種區分獨立於平靜與強烈的區分。由於動機可以是猛烈的,所以「人們往往有意違背自己的利益來行動」,而且並不總是受到「他們對最大可能的善的看法」的影響(T 418)。

3. 對其他生物的同情是一種自然本能。其力量在於,雖然我們「很少碰到愛別人甚過愛自己的人」,但也同樣「很少碰到各種友善的感情加到一起都不超過全部自私的人」(T 487)。這種同情或仁愛的自然

本能對於我們道德和政治態度的形成意義重大。

4. 「既然道德……會影響行動和情感，所以道德不可能源於理性。」(T 457)因此，「道德準則並不是我們理性的結論」。

5. 道德判斷並非對事實的描述。「以公認為邪惡的故意殺人為例。現在從各個方面來考察它，看看是否能發現你所謂邪惡的事實或實際存在。無論以何種方式考察它，你只會發現一些激情、動機、意願和思想。這裏沒有其他事實。」(T 468)同樣，如果突然遇到「沒有一個命題不是由『應該』或『不應該』聯繫起來」(T 469)，而不是「命題中通常的『是』與『不是』等係詞」時，人們就被戲弄了。「這種新的關係可以從與之完全不同的其他關係中推導出來」是不可能的。

6. 「邪惡和德性也許可以與聲音、顏色、冷熱相比，根據近代哲學的說法，這些東西都不是對象中的性質，而是心靈中的知覺。」(T 469)因此，「當你宣稱任何品格是邪惡的時候，你的意思僅僅是說，由於你天性的結構，你在沉思它之時有了一種責備的感受或情緒」。值得注意的是，在這裏以及休謨關於道德的其他論述中，他都採用了洛克(John Locke)關於第二性質的觀點，儘管此前他在論述理解力時曾經拒斥過它。

7. 雖然我們會談及善行或惡行，但其功過僅僅源於或

善或惡的動機，僅僅是作為這些動機的標記或由此出發來行動的人的品格，才可以對這些行為做出道德評價。

8. 由「心靈的活動或性質」所喚起的我們稱之為德性的讚許之情本身是令人愉快的，而非難之情則與惡有關，是令人不快的(E 289)。因此，我們也可以把德性看成「產生愛或自豪的能力」，而把惡看成「產生謙卑或憎恨的能力」(T 575)。

9. 喚起我們讚許或非難的是把性質或動機評價成分別產生了快樂或痛苦的優勢。這些評價也可以被稱為功用判斷。

10. 「除非人性中有某種動機來產生區別於其道德感的行為，否則任何行為都不可能是有德性的或在道德上是善的。」(T 479)

11. 道德的和政治的義務所依賴的正義感並非源於任何關於反思的自然印象，而是源於由「人為約定」而起的印象(T 496)。

我們先來考察心理學原理。有人也許會懷疑仁慈不超過自私的情況是否像休謨所假定的那樣罕見，但我找不出好的理由去懷疑我們的確有一種同情或仁慈的自然本能。有人曾試圖使同情從屬於自愛，但在我看來，這些嘗試是悖理的。既然沒有什麼先驗的理由去假設任何行為都有自私的基礎，因此在這個事例

中，接受休謨所謂的「事物的明顯顯現」(E 298)是更為簡單和合理的。

這裏我不再深究休謨關於直接與間接、平靜與猛烈的激情之間區分的細節，我認為應當接受以下幾點。首先，並非所有有意的行為都是由動機引起的，即源於給自己或他人或整個社會帶來某種好處的願望；其次，即使我們的行為是由這樣的動機引起的，這些行為也不一定符合功利主義原則。我們已經承認，這些行為很少符合純粹的利己主義原理，但它們也不是純粹利他主義的。同情在程度上各有不同，而其力量依賴於一個人與同情對象之間可能有的各種其他關係。它並不單純正比於一個人對於對象的價值或需求的估計。因此，一個人可以選擇不只是犧牲自己的利益，而且也犧牲他認為更大範圍的更大利益，來使自己家族的成員、愛人或朋友得到好處。當一個人的行動不是故意的時，像憐憫、窘迫或憤怒這樣的情感也許會引導我們甚至有意做出一些對任何人都沒有好處的事情。也許有人會說，憐憫或憤怒所導致的行為是故意的，因為它們蘊含着一種給有關的人帶來好處或壞處的慾望，但對此的回答是，慾望來源於感情，而非相反。也不必像休謨似乎暗示的那樣，不顧結果的行為只來源於猛烈的激情。它們往往源於惰性。我們根本不願費心去實現自己的偏好，無論這種偏好是獲得快樂還是擺脫不利處境。還可以指出，我

圖9　休謨像，路易・卡羅日(1717-1806)作。

們對所付出努力的輕視被判斷為超出了我們期待從其結果中產生的價值，但除非允許這種判斷是無意識的，從而認為這種論述是無足輕重的，然後把它等同於惰性，否則我認為它根本與事實不符。

說有動機的行為並非一般都符合功利主義原則，並不是否認它們應該與之相符。我們仍然可以堅持說，只有當它們符合這一原則時，我們才認為它們是道德的。事實上，我們還有進一步的心理障礙，那就是我們不僅並不總是做我們想做的事情，而且甚至當我們正在做我們想做的事情時，我們的目的也往往比產生快樂狀態或消除痛苦狀態更明確，雖然這裏同樣可以認為，只有具有這些目的時，我們的行為才被視為道德的。但我認為，把這種觀點歸於休謨是錯誤的。誠然，他說「心靈的每一種性質，通過單純的審視就能給人以快樂的，都被稱為善的；凡產生痛苦的每一種性質都被稱為惡的」(T 591)；他還補充說，「這種快樂和這種痛苦可以來自四種不同的來源」，因為「我們只要觀察到一種品格自然地對他人有用，或者對自己有用，或者令他人愉快，或者令自己愉快，就會獲得一種快樂」。然而，有兩點削弱了這段引文的分量。一是休謨並不認為我們在考察一種善的性質時所擁有的快樂總是同一類的，它會按照所考察性質的本性而變化。另一點是，他在談到一種自然地對他人有用的品格時，並沒有把這種功用等同於快樂

的最大化，而在於它可以滿足受影響的人碰巧擁有的無論什麼慾望。

在這一語境下，同樣值得指出的是，休謨並不是像邊沁和密爾那樣的功利主義先驅。我們將會看到，休謨把約定俗成的正義德性與公共利益聯繫起來，但他絕非把促進最大多數人的最大幸福這樣的東西視為我們道德讚許對象的一般特徵。

有人反對休謨說，並沒有類似於物理感覺的道德感，也沒有對德性或品格的看法總是喚起的關於道德讚許的特殊感受。對此的回答是，休謨並沒有說存在着這種東西。誠然，正如我們所看到的，他談到當我們沉思一種我們稱之為邪惡的品格時，我們會有一種責備的感覺或情感，但他所要提出的論點是，在把某種品格稱為邪惡時，我們並不是賦予它一種特殊的內在屬性，而是在表達我們對它所擁有的屬性的反應。這種反應的確必定是反對的，但它無須在任何情況下都有完全相同的形式。事實上，我們的確有厭惡感或道德上的義憤，但它們並不需要總是出現在每一個道德譴責事例中。我們的道德讚同或不讚同的態度實際上在於各種不同的狀態、傾向和行動，並非所有這些東西都富有情感。

我還相信，當休謨談到我們使用道德謂詞僅僅是意指對它們所指的行為或品格進行思考使我們有了善意或敵意的感受時，一些批評者誤解了休謨「意指」

一詞的含義。我並不認為休謨是在提出這樣一個論點，即「X是善的」這一形式的陳述在邏輯上等價於「我在思考X時有一種在道德上贊同的感覺」，或者等價於「對X的思考在大多數正常人中喚起了一種贊同感」或「在某種社會的大多數成員中喚起了一種贊同感」這樣的陳述。關於行為的正確性或履行這些行為的義務的陳述也是如此。我並不認為休謨具有這樣的看法，即在做出這類陳述時，我們是在暗地裏就我們自己或其他實際的或可能的批評進行斷言。的確在某種意義上，休謨給我們的道德判斷提供了一種分析，但這種分析並不是想提供一種對表達它們的句子進行翻譯的竅門，而在於論述我們運用道德謂詞的情況以及這種運用所要達到的目的。此外，如果我們堅持要從休謨那裏提取出一種對我們道德陳述的重新表述，為了更接近目標，我們可以說他提出了近代的「情感理論」，即可以用道德陳述來表達我們的道德情感；而不是說他提出了這樣一種理論，即道德陳述是關於我們自己或他人心靈狀況的事實陳述。

我們甚至還不清楚休謨被稱為一個道德主觀主義者是否是正確的，除非我們這樣來使用「主觀主義」一詞，使我們可以正確地說，「洛克對顏色這樣的性質作了一種主觀主義論述」。但是說道德判斷並非對事實的描述，這難道不是休謨的一條原理嗎？的確如此，但它的意思卻是，道德判斷缺少那種可以在對人

的動機描述或對人實際所做的事情的論述中找到的事實內容。從另一種觀點來看，某一類動機或品格傾向於在思考它的人當中喚起某些反應，這和「這些反應是(或傾向於)被產生出來的」都是事實。在休謨的文本中也沒有任何證據表明休謨想否認這一點。他的確想否認的是，道德謂詞代表着洛克所謂的第一性質，或者換句話說，它們代表着被應用於動機、品格或行為的內在特徵。

在這一點上，休謨無疑是正確的。以他所舉的一個故意殺人案為例，這一行為的惡並不是它的一個附加特徵，同兇手的種種動機或各種殺人手法等事實並列在一起。它也不表現為覆在這些事實連接上的一層釉。我說它是錯誤的行為也許帶有一種描述性內容，如果認為它預設了我接受某種流行的道德準則，於是我在斷言這種行為違反了這一準則的話；但它並不必然有這種預設。如果我的道德情感與我的共同體或任何其他共同體中流行的道德情感相左，那麼它將不會變得無效。要想在某個事例中說服我放棄我的道德情感，不僅可以向我表明我對事實的瞭解不夠準確或完整，也可以有其他各種方式。例如，也許可以基於哲學理由使我確信，只能認為違法者患有疾病；我也許會認為保持我的道德態度的一致性很重要，也許會被說服，這種情況與我曾持有不同看法的其他情況並無很大區別；我也許會被給予理由去認為，我對這件事

的看法被我自己經驗和品格的不當特徵所蒙蔽。因此我也許會判定，我最初的道德判斷是錯誤的。我說「錯誤的」而不說「假的」，是因為我認為只給那些帶有預設了某種準則的道德判斷賦予真值有助於澄清問題，這樣一來，判斷是否符合該準則提供的衡量標準就成了一個事實問題。顯然，這既不意味着任何準則都是神聖不可侵犯的，也不意味着所有道德判斷都是同樣可接受的。

休謨關於從「是」推不出「應當」的主張也受到了質疑。最受喜愛的反例是「承諾」。有人論證說，由一個人在某些明確條件下說出形式為「我保證去做X」的句子這一純粹事實前提可以邏輯地推出，在其他條件不變的情況下他應當做X。但這是一個謬誤。如果這個論證看起來有說服力，那是因為它處於一種為承諾(也就是說，通過在恰當條件下說出一連串語詞來承擔一種道德義務)做好準備的道德氣氛中。但如果我們所討論的是一個邏輯蘊含的問題，那就無法正當地預設這種氣氛的存在。我們只能把它說成是一個附加的前提，意思是說話者屬於一個社會，這個社會有一條公認的原則，即說出如此這般的語詞在某些情況下就是承擔一種道德義務。這同樣是一個事實前提，但即使把它與另一個前提結合起來，也得不出想要的結論。我們仍然需要這樣一條道德前提，即他的社會的這條規則是應當遵守的。

對休謨理論的一個簡單反駁是，它不僅適用於我們通常所謂的善惡，比如勇敢或懦弱、忠誠或無信、吝嗇或慷慨，而且也適用於自然的稟賦或缺陷，比如美貌或醜陋、聰明或愚笨、合群或孤僻。在《人類理解研究》的一個附錄中，休謨承認了這個事實，但認為它不重要而不再考慮它。在這一點上，他求助於常常被他視為楷模的西塞羅的權威以及亞里士多德的權威，亞里士多德「不僅把正義和友誼，而且把勇敢、節制、慷慨、謙遜、謹慎和男子氣的坦誠也列入了德性」(E 319)。這沒有解釋我們通常所作的區分，雖然我懷疑休謨聲稱它並非基於任何一致的原則是正確的。我們可能會傾向於把「道德」這一名號局限於那些美好或惡劣的品質，這些品質需要更多的培養才能成為習慣，或者在更大程度上依賴於是否有自律。這仍然允許把好的風尚算作德性，但我並不認為這是不可接受的。

　　眾所周知，康德認為只有出自義務感的行為才是道德的。康德的研究者如果發現休謨說，某個行為要想在道德上是善的，就必定出自某種並非道德感的動機，他也許會感到驚訝。休謨並不否認人們能夠而且的確出於義務感而行動，他所否認的是這本身就能賦予某個行為以任何價值。一個生性吝嗇的人也許會為此而漸漸感到羞愧，因此強迫自己做出慷慨的舉動。最終，他起初對於慷慨的不情願也許會被克服，也許

還沒有克服。然而，他克服吝嗇並不必然是為了使他的行為在道德上成為善的。行為的善依賴於他習慣性地做出慷慨的舉動，只要這是真的，那麼這個人是否有慷慨的感覺，是否認為表現出與其性情相反的慷慨對自己有利，或者是否因為認為應當慷慨而違背自己的性情去行動，都不會導致道德上的差別。因此，我們必須避免被休謨所說的「行為只有作為善的動機或善的品格的標記才能在道德上是善的」所誤導。這並不意味着他認為品格或動機本身就是善的。它們之所以是善的，僅僅是因為它們習慣性地引起了得到道德贊許的行為。是結果定了調子：動機之所以處於顯要地位，僅僅是因為人們往往指望它們產生出仁慈的行為。把義務感當成一個人行為好的主要動機其實是要反對的，因為這暗示一個人仁慈的天性不足。

事實上，休謨和康德在這個議題上的對立走得更深，因為康德用義務感來限制道德的根據是，只有自由地行動，這種行為才可能有道德價值，而只有從義務感出發來行動，這些行為才是所要求的自由行為。但我們並不清楚這種形式的自由應該是什麼樣子，但無論如何，在此基礎上區分義務感和其他任何動機似乎都是沒有根據的。

理性自身絕不能成為任何行為的動機，雖然這看起來像是心理學的原則，但休謨卻把它當成分析性的原則來加以辯護。休謨能夠得出這一原則，是因為他

把他所謂的理性限制於推理和評判真假，而且他從語義上假定起作用的動機不能在實質意義上被稱為真或假。理性能夠控制激情，因為可以用理性來發現一種激情建立在錯誤判斷的基礎之上，例如當事實證明一個人的恐懼對象並不存在時，或者被選擇用來實現某種目的的方法並不足以實現目的時。休謨沒有注意到的第三種情況是，理性向我們表明，實現一個我們所希望的結果將可能導致我們更希望避免的某種東西的出現。理性是而且只應是激情的奴隸，對休謨來說，這個戲劇性的陳述只不過是一則老生常談，即只有當我們出於某種動機來實現某個目的時，理性才進入行為領域。「只應是」僅僅是一種修辭上的誇大，因為目的的選擇已被排除在理性範圍之外。同樣，休謨那些驚人的斷言，如「寧願毀滅全世界也不願傷害自己一根手指，這並不違反理性」，或者「我寧願毀滅自己，也不願與一個印第安人或我完全不認識的人發生些許不快，這也不違反理性」，或者「我寧願為了我所認為的較小的好處而捨去我較大的好處，這也不違反理性」(T 416)，都不過是一個幾乎沒有爭議的假設的推論，即一個人的偏好無論多麼古怪，都不是真值的承載者，而且並不必然是任何錯誤推理的結果。

另一方面，說道德影響我們的行為和感情，所以它不可能從理性推出，這一支持論證是無效的。甚至按照休謨自己的觀點，我們的行為和感情也可能受到

我們判斷的真假的影響，或者受到我們的推理是否可靠的影響；我們的目的只有不被視為實現更進一步目的的手段時，才不會受到這種影響。然而，「道德規則並不是我們理性的結論」這一推斷是獨立地成立的，因為它正確地聲稱，道德規則並不出現在「觀念的關係」領域中。

現在面臨的主要反駁是，我們的確有一種關於結果或手段的合理性的構想。為了避開這一反駁，休謨提出我們誤把平靜的激情當成了「理性的決定」。但這種回答並不充分。誠然，當一個人不計後果地倉促行動時，我們說他的行為是非理性的，但我們也會把某些目的的本身當成非理性的，比如出現在休謨的例子中的那些目的。我認為這是指，任何一個明智的人都不會做出這些選擇。這裏顯然有循環論證的危險，因為他對目的的選擇進入了我們對於什麼是明智的人的構想。為了避免這種循環論證，一個可能的辦法是把下述情況當作事實：一個習慣於選擇某種特定類型目的的人會在一般旁觀者心中喚起一種愚蠢的印象。然後我們可以通過這個人的行為來定義目的的非理性，並把目的的合理性定義為它的反面。

休謨在正義感中發現了我們義務的來源，現在的問題是，這種正義感是自然的還是人為的。休謨說它是人為的，其根據在於沒有自然的動機來提供它。除了極少數例子，人沒有任何像「人類之愛」那樣的激

情，他們對待少數人的自然的仁愛之情會導致不公，因為它會引導他們以公共利益為代價來提升這些人的利益。從人的自私也不能直接產生正義感，儘管休謨對正義感的解釋的確把它與自利間接關聯起來。

休謨的解釋如下。由於身體上的弱點，一個人只有作為群體的一員才能倖存和成長，即使起初它只是一個像家庭那樣的小群體。隨着群體的混合，它們往往會相互掠奪。「我們擁有三種不同種類的好處：我們內心的滿意，我們身體的外在優點，以及我們通過勤勞和好運而獲得的對這些所有物的享用。」(T 487) 這裏處境危險的主要是第三種好處，一方面是因為人的貪婪和鮮有仁愛之心，另一方面則是因為自然的吝嗇。如果人們總是生活在一個充裕的環境中，無論怎樣愛好奢侈，其物質慾望都能輕易得到滿足，那麼「小心翼翼唯恐失去的正義德性將永遠不會被夢到」(E 184)。照目前情況來看，不同的群體不得不為那些現成的或可以獲得的數量不多的物品而競爭。如果對這種競爭不加限制，那麼沒有人能夠指望「安享他憑藉運氣和勤勞所獲得的東西」(T 489)。為了避免這一災難，人們發現遵守一套協議對自己是有利的，這種協議確立了財產權，也規定了財產從一個人合法地轉移到另一個人的條件。這些協議並不是承諾。恰恰相反，承諾本身乃是基於協議，協議的目的就是使人對彼此之間未來的行為有安全感。財產的穩定性、可經

同意而轉移財產，以及履行承諾，這三條法則正是「人類社會的和平與安全所完全依靠的」(T 526)。

到目前為止，它還只是一個自利問題。道德既是自然地又是人為地被牽連進去；說它自然地被牽連進去，是因為我們同情非正義行為的受害者，這要麼是通過我們對他們的感情，要麼是在感情之外通過在想像中把我們放在他們的位置；說它人為地被牽連進去，是因為那些教育和統治我們的人自認為要訓練我們把頌揚的短語用到對正義規則的遵守上，而把責難的短語用於對正義規則的破壞上，從而喚醒和加強與這些短語的使用相聯繫的道德情感。

這些規則的正當性在於，遵守它們有助於公眾利益。然而，這只在一般情況下正確，而在某些特殊情況下則可能不正確。休謨給出的一個例子是，當「一個性情仁厚的人將一大筆財產歸還給一個守財奴或煽動叛亂的頑固分子」時，他的「行為是正義可佩的，但公眾卻是真正的受害者」(T 497)。即便如此，休謨還是堅持認為我們總是應當遵從一般規則，這與今天的許多功利主義者看法一致。休謨沒有作進一步論證，他只是說，「好處與壞處是不可能分離的。財產必須穩定，必須被一般規則固定下來。雖然在某種情況下公眾也許是受害者，但這個暫時的壞處因這一規則被堅持執行，因其在社會中確立的安寧和秩序而得到了充分補償」(T 497)。那麼，為什麼公眾非得受害

不可呢？這似乎只能因為對例外的寬容削弱了對一般規則的尊重，結果導致的失去功用將會超過例外的功用。但即使我們接受這一推理思路，它也不會包含下述情況，即對一個違反規則的行為的選擇不大可能被眾人知道。既然我們離開這一規則更能實現它的目的，我們為什麼還要遵守這一規則呢？我不相信那些主張現在被視為規則功利主義的人能夠令人滿意地回答這一問題。

對於休謨正義理論的另一個反駁是，它與財產制度結合得過於緊密。例如，它為平等價值制定的唯一條款是，我們都有義務遵守我們的協議所確立的規則。不過這是一個容易補救的缺陷，因為總是可以對協議進行調整以符合各種利益安排，從而引導社會成員接受它。

雖然正義對於社會的維持是必需的，但在休謨看來，政府卻不是如此。一個原始的未開化社會可以沒有政府而維持下去。只有在戰爭勝利時，才需要一段時期的政府去協調戰利品的瓜分。於是，士兵首領就有可能成為內部的仲裁者。正是由於這個原因，根據休謨的說法，「所有政府起初都是君主政治的」。

在更發達的社會中之所以需要政府，是因為人們自然傾向於為了短期目標而犧牲長遠目標，限制他們這樣做是符合他們利益的。因此，他們服從統治者是值得的，統治者的短期利益包括維持他們的特權，而

這又依賴於法律和秩序的強制實施。統治者的確有可能變得非常殘暴，以致沒有他們其臣民會生活得更好。在這種情況下，其臣民如果有能力，就可以自由地推翻他們。然而，由於它所導致的動蕩，這種行動不可能輕易進行，而且公民服從的習慣也使他們忍受暴政的時間要比只注重自己利益時能忍受的時間更長。建立各種特殊的政府有各種方式，包括繼承王位、征服和實施憲法等。更重要的是權力的保有。無論一種政府體制是如何產生的，一般來說單憑它的持續就足以使它的存在被視為合法的。於是在某種意義上，政府建立在被統治者同意的基礎之上，但這並不意味着我們必須發明一種社會契約來為政治服從做出道德辯護。既然正義規則對於契約的有效性來說是必需的，也足以解釋政治義務，因此正如休謨正確指出的，即使是一個真正的契約，在這種情況下也起不了作用，更不要說那些政治作家試圖作為契約而提出的哲學虛構了。有人指出，我們通過選擇仍然臣服於一個政府來履行服從政府的義務，但除了其他反對意見，這預設了我們擁有一個嚴肅的替代方案，而事實往往並非如此。否則，正如休謨在《論原初契約》一文中所說，這就像告訴一個被拐騙到船上的人，他可以自由地跳水而死一樣。

休謨並未試圖把道德與宗教關聯起來，這無疑是因為他看到不能把道德基於任何形式的權威，無論這

種權威有多麼強大，雖然宗教信念也許可以通過它對激情的影響而充當一種約束力。在任何情況下，休謨更感興趣的都是宗教信念自命為真理，而不是宗教信念的功用。我們已經看到，他拒絕接受基督教。通過考察《自然宗教對話錄》，現在我將試圖證明我的說法是正當的，即休謨也拒絕接受自然神論。

《自然宗教對話錄》中的三位參與者是：第美亞(Demea)，他相信雖然我們無法參透上帝本性的奧秘，但可以先驗地證明上帝的存在；克里安提斯(Cleanthes)，他論證說，我們證明上帝存在的唯一方法就是通過對世界進行觀察，因此他的有神論建立在通常所說的「設計論證」的基礎上；還有懷疑論者斐羅，他同意克里安提斯的看法，即設計論證是唯一值得考慮的論證，並且致力於表明這是一個多麼可憐的論證。這並沒有使他公然宣稱無神論。他甚至斷言：「當講理的人處理這些主題時，問題永遠不在於神的存在，而僅在於神的本性。」(D 142)但考慮到他的一般論證，這種說法就顯得有諷刺意味了。在《自然宗教對話錄》的安排中，斐羅(Philo)講得最多，這是我們認為他在為休謨代言的一個理由。

第美亞的論證是，任何事物的存在都必有原因，無窮追溯原因的觀念是荒謬的，只有存在着一個必然存在的最終原因，這種無窮追溯才能停止。那就是神，「他自身之中包含着存在的理由；如果假定他

不存在，必定會蘊含一個明顯的矛盾」(D 189)。克里安提斯對這一論證的反駁是，神的存在據信是一個事實，而任何事實都不能先驗地證明。不僅如此，如果我們有資格談論一個必然存在，它也許就是宇宙自身。第美亞並未嘗試去回應這個斐羅也認可的反駁，他在《自然宗教對話錄》其餘部分中的角色僅限於偶爾發出一個虔誠的抗議，指責克里安提斯未在人的性質和能力與其造物主的性質和能力之間做出足夠大的區分。

雖然克里安提斯舉了自然之中適應目的的許多例子(斐羅接受這些例子)，但他的立場在一則關於設計論證的有力陳述中得到了概括：

〔他說〕看一看周圍的世界，沉思整個世界和它的每一個部分，你就會發現世界只是一部大機器，被分成無數較小的機器，這些較小的機器又可再分，一直分到人的感官和官能所不能追究與解釋的程度。所有這些各式各樣的機器，甚至它們最細微的部分，都彼此精確地配合着。凡對於這些機器及其各部分沉思過的人們，都會為這種準確性而讚嘆。這種遍及整個自然的手段對於目的的巧妙運用，雖然遠遠超過了人的機巧，以及人的設計、思維、智慧和智能等等的產物，卻與它們精確相似。因此，既然結果彼此相似，根據

一切類比規則，我們就可以推出原因也是彼此相似的；而且可以推出造物主與人心有些相似，雖然與他所執行工作的偉大相比，他比人擁有大得多的能力。根據這個後天的論證，並且僅僅根據這個論證，我們的確立即可以證明神的存在以及他與人的心靈和理智的相似性。(D 143)

斐羅對這個論證的回答是整個《自然宗教對話錄》的主題，但他對它的主要反駁可以簡要地概括如下：

1. 因果論證基於經驗到的規律性。由於我們並不熟悉多個世界，所以在這種情況下沒有規律性可用。克里安提斯只能訴諸類比，這是一種較弱的推理形式。

2. 如果我們基於相似的結果有相似的原因這一假設來堅持作這個類比，我們還是沒有理由得出結論說，宇宙是由一個無限的、永恒的和無形的存在設計出來的。我們沒有經驗到任何這類東西。機器是由終有一死的人建造的，這些人有身體，有性別，共同協作，會試錯，會犯錯和糾正，會改進其設計。因此，我們有什麼權利剝奪宇宙設計者的身體和性別呢？為什麼我們不能得出結論說，世界是許多神共同努力的結果呢？為什麼世界不能是「某個幼稚的神初次嘗試的簡陋作品，

後來又拋棄了它」，或者「某個老邁的神在年老昏瞶時的產物」(D 169)，他死後任宇宙自行運轉呢？為什麼不會是多個世界「在永恒的時間中被笨拙地創造出來和修補之後，這個世界才被開創出來」(D 167)呢？

3. 即使這種類比對於克里安提斯來說太強了，那麼事實上它也是太弱了。世界的確包含着許多人工物，也包含着許多自然物，這些自然物至少就它們或者它們的某些部分服務於某種功能而言是與這些人工物相似的。但這並不意味着整個宇宙是一部機器或某種類似的東西；也不意味着宇宙有什麼目的要服從。說它像一部機器，還不如說它像一個動物或植物有機體。「說世界是由另一個世界所播下的種子長成的，和說世界源於一種神的理性或設計，是同樣明智的，同樣符合經驗的。」(D 178)

4. 如果我們正在從物體的宇宙追溯到「一個相似的觀念的宇宙」(D 162)，那麼我們為什麼要停留在那裏呢？如果觀念的秩序不需要作進一步解釋，為什麼我們在物質中發現的秩序就需要呢？

5. 我們對於世界的經驗表明，「物質能保持永恒的騷動(這似乎是物質的本質)，也能保持它所產生的形式的恒常性」(D 183)。為什麼我們不能滿足於認為物質有一種力，使物質從一種原始混沌發展

成一種秩序，這種秩序可以解釋「宇宙中出現的所有智慧和設計」(D 184)呢？這種理論肯定比無法證實且幾乎無用地假設一個超自然動因更為可取。

6. 設計論證不僅面臨着所有這些反駁，而且即使放棄這些反駁，它也得不到什麼結果。接受這個論證的人最多只是有權說：「宇宙以前起源於某種類似於設計的東西，但超出了這一點，他就無法肯定任何一種情況，此後只能肆意進行幻想和假說去調整其神學的每一個論點了。」(D 169)

在休謨看來，也許最後一點是最重要的。正如我試圖表明的，他在許多方面都發動了反對宗教信念的戰役，但他最希望使哲學不像神學那樣陷入「放肆的幻想和假說」。我們已經看到，他並非一致性的典範，但至少在其自然主義方面是一致的，他堅持每一門科學都要扎根於經驗。他的主要興趣太廣，無法用一段話來概括，但他的總體看法也許可以概括出來。我認為最好的做法莫過於引用他在《人類理解研究》結尾的一段名言：

我們如果相信這些原則，那麼當我們在各個圖書館中瀏覽時，將有多大的破壞呢？當我們拿起一本書來，比如神學的書或者經院哲學的書，我們

可以問，這其中包含着量和數方面的任何抽象推理嗎？沒有。其中包含着關於事實和存在的任何經驗推理嗎？沒有。那麼我們就可以把它扔到火裏，因為它所包含的沒有別的，只有詭辯和幻想。(E 165)

推薦閱讀書目

The editions of Hume's works from which I have quoted are listed in the Preface. The original dates of publication of these, and of other works by Hume to which I refer, are as follows:

A Treatise of Human Nature 1739–40

An Abstract of the Treatise of Human Nature 1740 (published anonymously)

Essays, Moral and Political 1741–2

Three Essays ('Of Natural Character', 'Of the Original Contract', and 'Of Passive Obedience') 1748

Enquiry concerning Human Understanding 1748 (first published as *Philosophical Essays concerning Human Understanding*)

Enquiry concerning the Principles of Morals 1751

Political Discourses 1752

History of Great Britain from the Invasion of Julius Caesar to the Revolution of 1688 (6 vols.) 1754–62

Four Dissertations ('The Natural History of Religion', 'Of the Passions', 'Of Tragedy', and 'Of the Standard of Taste') 1757

Two Essays ('Of Suicide' and 'Of the Immortality of the Soul') 1777

My Own Life 1777 (first published as *The Life of David Hume, Esq., Written by Himself*)

Dialogues concerning Natural Religion 1779

A large collection of Hume's letters was edited by J. Y. T. Greig in two volumes and published in 1932 under the title *The Letters of David Hume* by the Oxford University Press. In 1954 the same publishers brought out a collection entitled *New Letters of David Hume*, the product of extensive research by its editors, Raymond Klibansky and Ernest C. Mossner. Of the many books written about

Hume's philosophy, the two which I should especially wish to recommend are *The Philosophy of David Hume* by Norman Kemp Smith, which was published by Macmillan in 1941, and *Hume's Theory of the External World* by H. H. Price, which was published by the Oxford University Press in 1940. The points for which I am indebted to these works are indicated in the text.